Unsere leckeren
Obstkuchen

Traditionelle Rezepte aus der ostdeutschen Heimat

BILD UND HEIMAT

SUPERillu

Unter Mitarbeit von Martina Scheiner,
stellv. Chefredakteurin der SUPERillu.

Besonderer Dank gilt der
Bäckerei und Konditorei Forbriger aus Reichenbach (Vogtl.)
für die liebevolle Umsetzung der Backideen.

FORBRIGER
URSPRUNG NATUR

ISBN 978-3-86789-438-8

1. Auflage

Layout und Gestaltung:

CREATIV WERBUNG

Creativ Werbung, Reichenbach (Vogtl.)
Fotografien: Katrin Jaritz & Kersten Mahler
Druck und Bindung: Westermann Druck Zwickau

Ein Verlagsverzeichnis schicken wir Ihnen gern:
BEBUG mbH / Bild und Heimat, Berlin
Alexanderstraße 1
10178 Berlin

SUPERillu

In Kooperation mit der SUPERillu
www.superillu-shop.de

Unsere leckersten
Obstkuchen

Inhalt

6 Editorial

8 Vorwort

12 Kuchen und Strudel

50 Torten

76 Tartes und Cheesecakes

98 Törtchen, süße Teilchen und Muffins

126 Register

Liebe Leserinnen und liebe Leser,

wir leben in einer globalisierten Welt, die keine Grenzen kennt. Sie werden sich nun vielleicht fragen, was das mit diesem Backbuch zu tun hat. Viel – und auch wieder gar nichts! Viel, weil wir uns im Vorfeld lange Zeit Gedanken gemacht haben, welche Kuchenrezepte wir Ihnen auftischen wollen. Und wenig – weil wir uns dann entschlossen haben, nur Rezepte mit heimischen Früchten für Sie zusammenzustellen.

Es ist heute zwar aufgrund der grenzenlosen Warenströme möglich, im Januar Erdbeeren zu kaufen und im November Kirschen. Doch trotz dieser unbegrenzten Verfügbarkeit legen immer mehr Deutsche Wert auf regionale Produkte. Die Gründe für diese Renaissance des Regionalen zeigten sich in einer Umfrage des Marktforschungsinstitutes Konkret unter 2000 Verbrauchern: Genannt wurden an erster Stelle Geschmack und Qualität. 70 Prozent der Kunden sind sogar bereit, für Produkte aus der Region auch mehr zu bezahlen.

Wer einmal den Geschmack von Erdbeeren aus Argentinien mit dem der erntefrischen aus dem eigenen Garten verglichen hat, der fragt nicht nach dem Warum. Lokale Produkte sind frisch, weil sie keine langen Transportwege hinter sich haben. Sie dürfen ausreifen – und entwickeln so ein ganz unvergleichliches Aroma im Gegensatz zu der unreif geernteten Verwandtschaft aus Übersee. Die weite Anreise belastet zudem die Umwelt. Regionales ist also auch ein Stück Naturschutz. Hinzu kommt, dass Verbraucher so obendrein etwas für die Artenvielfalt tun: Wer beim Bauern oder auf dem Wochenmarkt kauft, wird hier auf Sorten treffen, die es im Angebot der Supermärkte nicht gibt – weil sie nicht den internationalen Richtlinien entsprechen oder weil neben der Standardware schlicht kein Platz mehr im Regal für sie ist.

Wundern Sie sich also nicht, wenn es in diesem Backbuch keine Rezepte mit Ananas, Mango oder Kiwi gibt. Stattdessen finden Sie traumhafte Kuchen und Torten mit Rhabarber, allen Sorten von Beeren, mit Kirschen und natürlich Äpfeln, Birnen und Zwetschgen. Lassen Sie sich mitnehmen auf einen kleinen verführerischen Ausflug durch die wunderbare Vielfalt der Früchte unserer Heimat. Ich verspreche Ihnen: Sie werden nichts vermissen.

Viel Spaß beim Ausprobieren unserer Rezepte wünscht Ihnen Ihre

Martina Scheiner

Martina Scheiner
Stellv. Chefredakteurin
SUPERillu

Das Obst unserer Heimat

Wir möchten Sie mitnehmen auf einen kleinen Spaziergang durch unsere Gärten. Mit Beginn des Frühjahrs bis in den Herbst hinein wächst hier eine wunderbare Vielfalt an Früchten, die sich mit unseren Rezepten in leckere Kuchen und Torten verwandeln lassen.

Rhabarber eröffnet im April die Saison. Er ist gar kein Obst, sondern ein Gemüse. Trotzdem haben wir ihn in unseren Saisonkalender mit aufgenommen – denn was wäre das Frühjahr ohne eine Rhabarber-Sahne-Torte *(siehe Seite 66)*? Die säuerlichen Stangen können bis Johanni (24. Juni) geerntet werden. Danach braucht die Pflanze Ruhe, um sich zu regenerieren. Milder ist roter Rhabarber, herber im Geschmack der grüne. Da die Blätter große Mengen an Oxalsäure enthalten (sie ist verantwortlich für das »stumpfe« Gefühl im Mund), werden nur die (geschälten) Stiele verwendet, in denen weniger davon steckt. Frische Stangen sind fest und lassen sich nicht biegen.

Beeriger Genuss

Ab Ende Mai werden im Garten die Erdbeeren reif. Sie gehören zur großen Gruppe von Bee-

renobst, das uns den gesamten Sommer über begleitet. Den Abschluss bilden die feinsäuerlichen Brombeeren, die es bis Oktober gibt.

Erdbeeren gehören zur Familie der Rosengewächse: Die Samen auf der Oberfläche, die kleinen hellen Nüsschen, sind die eigentliche Frucht – nicht das rote Fleisch! Jeder Bundesbürger nascht im Schnitt 2,4 Kilo pro Jahr. Und schon 150 Gramm decken übrigens den Tagesbedarf an Vitamin C.

Am besten erntet man sie morgens. Denn mit steigenden Temperaturen werden sie weich und druckempfindlich. Wichtig ist, sie immer mit dem grünen Kelch zu zupfen, sonst verderben sie schneller. Genießbar sind sie, wenn mindestens zwei Drittel der Fruchtoberfläche rot sind. Grün geerntete Erdbeeren reifen nicht nach – was für alle Beerensorten gilt, außer für Heidelbeeren!

Beerenobst sollten Sie generell eher in kleinen Schalen kaufen bzw. aufbewahren, in großen zerdrücken die Früchte zu leicht. Im Kühlschrank halten sie sich maximal ein bis zwei Tage. Am besten ungewaschen in einem Sieb lagern. Die grünen Kelche erst nach dem Waschen entfernen, sonst geht das Aroma verloren. Beim Waschen keinen zu harten Wasserstrahl einsetzen und die Früchte auch nicht ins Wasser legen – sonst büßen sie ihr Aroma ein! Beeren können auch untereinander gemischt oder gut mit anderen Früchten kombiniert werden. Mitgebacken verlieren Erdbeeren allerdings ihre schöne rote Farbe, die beerige Verwandtschaft ist hier weniger empfindlich. Alle Beeren lassen sich gut als Vorrat für den Winter einfrieren: Dazu die Früchte einzeln in einen flachen Behälter setzen, dann gefroren in einen Beutel geben. So halten sie sich bis zu zehn Monate, können dann jedoch nicht mehr als Kuchenbelag verwendet werden, aber für eine Creme oder als Fruchtsauce etwa zu unserem Grießkuchen auf *Seite 22*.

Erwähnen möchten wir hier noch die STACHELBEEREN. Lange Zeit waren die Früchte kaum mehr im Angebot, denn ihre Ernte ist eine stachelige Angelegenheit. Doch sie erleben derzeit eine Renaissance – und das zu Recht. Wer einmal den Stachelbeerkuchen mit Schmandguss von *Seite 46* probiert, weiß warum: Die Früchte haben einen tollen aromatischen Geschmack.

Jetzt ist gut Kirschen essen

Eine zweite große Gruppe ist neben dem Beeren- das Steinobst – allen voran der Star unter den Sommerfrüchten, die KIRSCHE. Die Römer brachten sie über die Alpen an den Bodensee – heute sind mehr als tausend Sorten bekannt. Bei den Süßkirschen gibt es zwei Sorten, die hartfleischigen Knorpelkirschen und die weichfleischigen Herzkirschen. Sauerkirschen allerdings geben Backwaren durch ihre Säure eine feine Note – in der Schwarzwälder Kirschtorte *(siehe Seite 68)* und in der Donauwelle *(siehe Seite 20)* sind sie gewissermaßen Pflicht!

Je grüner und glatter der Stiel, desto frischer sind sie. Die Kirschen erst vor dem Verzehr bzw. der Verarbeitung waschen und entstielen. Zudem sollte man Temperaturschwankungen vermeiden: Kirschen schwitzen leicht und fangen dann an zu schimmeln. Vor der Verarbeitung müssen sie entsteint werden, das ist zugegeben etwas mühsam. Tipp: Kurz ins Gefrierfach legen, dann geht das besser. Wer Kirschen einfrieren möchte, sollte sie auch zuvor entsteinen.

Hier werden Äpfel mit Birnen verglichen

Im Spätsommer steht die Apfelernte an. ÄPFEL sind der Deutschen liebstes Obst: Gut 17 Kilo isst jeder Bundesbürger pro Jahr. Ab Anfang August kommen die Frühsorten auf den Markt – Kläräpfel etwa oder Gravensteiner. Sie lassen sich nicht lange lagern. Im September beginnt dann die Saison der Lageräpfel. Sie reifen nach dem Pflücken nach und erreichen erst später ihr volles Aroma. Denn durch das Nachreifen werden Stärkereste in Fruchtzucker umgewandelt. Ist der ehemalige Blütenansatz an der Unterseite eingesunken, ist der Apfel reif geerntet worden.
Äpfel harmonieren beim Backen gut mit orientalischen Gewürzen wie Zimt oder einem Hauch Muskat. Man kann sie mit Rumrosinen oder Mandeln mischen *(siehe unseren Apfelstrudel auf Seite 18)*. Und eine ganz schnelle moderne Variante ist der Crumble *(siehe Seite 78)*: Mit Brombeeren mischen, Streusel drüber, backen – fertig!

Wichtig ist dabei: Nicht jede Apfelsorte eignet sich für alle Verwendungsmöglichkeiten, sie haben große geschmackliche Unterschiede.

KLEINE APFELKUNDE:

- Für Apfelmus sind Früchte mit eher lockerem Fruchtfleisch wie Klarapfel, Gravensteiner und Berlepsch ideal.
- Für Apfelkompott eignen sich saftige, bissfeste Sorten wie Idared oder Elstar.
- Für Kuchen empfehlen sich Äpfel, die weder schnell zerfallen noch zu saftig sind wie Jonagold, Elstar und Boskoop.
- Bratäpfel gelingen am besten mit Gloster, Boskoop und Cox Orange.
- Zum Obstsalat passen Tafeläpfel wie Alkmene, Braeburn, Delicious, Gala.

Auch die »Schwester des Apfels«, die BIRNE, kämpft ums Überleben. Über 50 Birnensorten hat es in Deutschland einmal gegeben. Heute findet man zwar fast das ganze Jahr über welche im Sortiment, aber es sind nur einige wenige Sorten wie Conference oder Abate Fetel. Denn Birnen haben eine Schwäche – sie sind im reifen Zustand sehr druckempfindlich. Regionale Birnen gibt es ab August bis Dezember. Das restliche Jahr wird mit Importen überbrückt. Das ist schade, denn geschmacklich decken heimische Birnen ein breites Spektrum ab. Die reife Anjoubirne etwa schmeckt würzig, die Williamsbirne duftet leicht nach Moschus. Auch die Sorten Forelle und Gellerts Butterbirne sind gut zum Backen geeignet, weil sie ebenfalls saftig sind und das Fruchtfleisch nicht zu grobkörnig ist *(zum Beispiel für unsere Birnen-Nuss-Tarte auf Seite 88)*. Übrigens: Birnen können wie auch Äpfel beim Einfrieren matschig werden. Deshalb besser klein schneiden oder als Kompott, Mus bzw. gleich die Reste vom fertigen Kuchen einfrieren.

Ähnlich wie beim Beerenobst die Stachelbeeren sind beim Kernobst die QUITTEN die »Sonderlinge«. Es gibt zwei Sorten: Birnenquitten schmecken milder, sind weicher und weisen deutlich weniger Steinzellen auf. Apfelquitten haben dagegen ein trocken-hartes Fruchtfleisch und sind von vielen Steinzellen durchsetzt, dafür sind sie aromatischer. Geerntet werden Quitten bei uns im September/Oktober, in den Handel kommen sie jedoch selten, denn ihre Verarbeitung ist aufwändig und roh essen kann man sie wegen des hohen Gerbstoffgehaltes nicht! Aber auf Wochenmärkten und bei Direktvermarktern kann man Glück haben. Wer sich an die aromatischen Früchte heranwagt, muss zunächst den haarigen Flaum abreiben. Dann empfehlen wir unsere Quitten - Mandel - Torte von *Seite 74*.

Eine echte Pflaume?

PFLAUMEN sind blauviolett und rundlich. Ihr Fruchtfleisch hat eine goldgelbe oder rötliche Farbe, ist saftig-weich und lässt sich nicht so einfach vom Stein lösen. Es gibt ca. zweitausend verschiedene Pflaumensorten – eine Unterart ist die ZWETSCHGE. Sie ist länglich-oval, das Fruchtfleisch gelb bis grün, es geht leicht vom Stein ab.

Zugreifen sollten Sie auch, wenn Sie auf dem Markt Mirabellen oder Reneklode entdecken – ebenfalls Verwandte der Pflaume. Beide sind gelblich und können wie Pflaumen verarbeitet werden, schmecken aber deutlich süßer und würziger. Die Früchte sind reif, wenn sie auf leichten Druck nachgeben. Grünliche Früchte reifen nicht vollständig nach! Man sollte sie am besten in einer Papiertüte im Gemüsefach des Kühlschranks aufbewahren. Sie halten sich ca. vier bis sechs Tage. Einfrieren kann man Steinobst ebenfalls sehr gut – vorher aber bitte entkernen und wie Beeren am besten einzeln vorfrieren, so bleiben die Früchte in Form und Verkleben nach dem Auftauen nicht.

Pflaumen und Zwetschgen haben (wie auch Trauben) einen weißlichen Belag, den Duftfilm. Das Obst ist so vor Bakterien- und Schimmelbefall geschützt und trocknet nicht so schnell aus. Auch die wachsartige Schicht auf Äpfeln ist übrigens eine natürliche Schutzschicht. Deshalb die Früchte erst kurz vor dem Verzehr oder der Verarbeitung waschen.

Heimische Trauben hängen hoch

Trauben schließen mit Äpfeln und Birnen das Erntejahr im Garten ab. Sie wurden bereits vor fünf Jahrtausenden von den alten Ägyptern kultiviert und gehören damit zu den ältesten Kulturpflanzen der Menschen. TAFELTRAUBEN aus Südeuropa ebenso wie aus Argentinien, Südafrika oder Chile gibt es heute das ganze Jahr über. Heimische dagegen sind eine echte Rarität – ebenso wie Aprikosen und Pfirsiche, die sich wie Trauben nur in milderen Regionen wohlfühlen. Kaufen Sie möglichst pralle, glänzende Beeren, achten Sie auf saftig-grüne Rispen. Heimische Trauben sind deutlich kleiner als die importierten, dafür aber ungleich aromatischer – in unserem Strudel auf *Seite 48* ein Genuss!

Kuchen und Strudel

Apfel-Szarlotka

Zutaten

Öl
1,2 kg Äpfel
4 Eier
200 g Zucker
1 TL flüssiges Vanillearoma
125 g Mehl
Puderzucker
evtl. Alufolie

1 Den Backofen auf 175 °C (Umluft: 150 °C / Gas: Stufe 3) vorheizen. Eine Springform (Ø ca. 24 cm) einölen. Die geschälten Äpfel vierteln, entkernen, klein schneiden und in die Form geben.

2 Eier, Zucker und Vanillearoma mit dem Rührgerät cremig schlagen, dann das Mehl unterheben und den Teig über die Äpfel verteilen.

3 Im heißen Ofen 50-60 Minuten backen. (Nach ca. 45 Minuten evtl. mit Alufolie abdecken.) Kuchen aus dem Ofen nehmen und in der Form abkühlen lassen. Den aus der Form gelösten, ausgekühlten Kuchen mit Puderzucker bestäuben. Dazu passt Honigquark.

Apfelmuskuchen mit Keksstreuseln

Zutaten

325 g Butter
400 g Haferkekse
3 EL + 500 g Mehl
200 g brauner Zucker
1 Pck. Vanillezucker
1 Prise Salz
3 Eier
4 gestrichene TL Backpulver
2 gestrichene TL gemahlener Zimt
720 ml Apfelmus (1 Glas)
Fett für die Form

1 Eine ca. 32 x 39 cm große Fettpfanne einfetten. Die Haferkekse in einen Gefrierbeutel geben und mit einer Küchenrolle darüberrollen, so dass sie zerbröseln. 150 g Butter, 3 EL Mehl und die Keksbrösel mit den Händen zu Streuseln verkneten.

2 Den Backofen auf 175 °C (Umluft: 150 °C / Gas: Stufe 3) vorheizen.

3 175 g Butter, Zucker, Vanillezucker und Salz mit dem Rührgerät cremig rühren. Die Eier einzeln unterrühren, dann 500 g Mehl, Backpulver, Zimt und zum Schluss 300 g Apfelmus unterrühren.

4 Den Teig in der Fettpfanne glatt verstreichen, das restliche Apfelmus daraufgeben und glatt streichen, mit den Streuseln bestreuen. Im Backofen ca. 40 Minuten backen, auskühlen lassen.

Apfelstrudel

Zutaten

Teig

250 g Mehl
100 g Zucker
½ Pck. Backpulver
1 Ei
80 g weiche Butter
4 EL saure Sahne
1 Prise Salz
Backpapier

Füllung

500 g Äpfel
1 Pck. Vanillezucker
in Rum eingelegte
Rosinen (ca. 2 EL)
3 EL gehackte Mandeln

1 Butter, Ei und Zucker mit dem Rührgerät cremig rühren. Saure Sahne, Mehl und Backpulver untermengen.

2 Den Teig dünn auf dem mit Mehl bestäubten Backpapier ausrollen; lieber etwas mehr Mehl nehmen, damit nichts anklebt.

3 Äpfel raspeln und mit den Rosinen und dem Vanillezucker mischen. Diese Masse auf dem ausgerollten Teig verteilen und mit Mandeln bestreuen.

4 Mit Hilfe des Backpapiers den belegten Teig zu einer Rolle formen und die Enden gut andrücken.

5 Den Teig mit einem schaumig gerührten Eigelb bestreichen. Den Backofen vorheizen und den Strudel bei 180 °C (Umluft: 160 °C/Gas: Stufe 3) 30 Minuten backen.

Donauwelle

Zutaten

1 Glas Sauerkirschen (720 ml)
500 ml Milch
250 g Zucker
500 g Butter (zimmerwarm)
6 Eier
350 g feines Mehl
1 Pck. Backpulver
1 Pck. Puddingpulver
2 EL Kakao
abgeriebene Schale und
Saft einer unbehandelten Zitrone
200 g Vollmilch-Kuvertüre
25 g Kokosfett
Fett für die Form

1 Die Kirschen auf einem Sieb gut abtropfen lassen. Das Puddingpulver mit 6 EL Milch und 75 g Zucker verrühren. Die restliche Milch aufkochen, vom Herd nehmen und das aufgelöste Puddingpulver einrühren, kurz aufkochen und unter Rühren 1 Minute köcheln lassen. Den Pudding in eine hitzebeständige Schüssel gießen und zugedeckt auskühlen lassen.

2 Die Hälfte der Butter und den restlichen Zucker mit einem Rührgerät vorsichtig schaumig rühren. Die Eier nach und nach dazugeben und langsam unterrühren. Das Mehl mit dem Backpulver mischen und esslöffelweise ebenfalls mit dem Rührgerät in der Masse vermengen, bis eine cremige Masse entstanden ist. Die Teigmasse teilen und eine Hälfte mit dem Kakaopulver verrühren.

3 Ein mittelgroßes Backblech einfetten. Zunächst den hellen Teig in die Form geben und glatt streichen. Anschließend den dunklen Teig darübergeben und die Kirschen auf dem Teig verteilen. Im vorgeheizten Backofen bei 175 °C (Umluft: 150 °C / Gas: Stufe 3) ca. 30 Minuten backen. Den Kuchen aus dem Ofen nehmen und auf einer hitzebeständigen Unterlage abkühlen lassen.

4 Die restliche Butter mit der Zitronenschale und dem Zitronensaft cremig rühren. Den auf Zimmertemperatur abgekühlten Pudding nach und nach unterrühren. Die entstandene Buttercreme auf den Kuchen streichen und ca. 2-3 Stunden kühl stellen.

5 Die Vollmilch-Kuvertüre hacken und mit dem Kokosfett langsam schmelzen. Den Schokoguss auf den Kuchen gießen und vorsichtig glatt streichen. Mit einem Tortenkamm ein wellenförmiges Muster in den Guss ziehen.

6 Zum Schluss den Kuchen nochmals abkühlen lassen und vor dem vollständigen Erkalten des Schokogusses den Kuchen in Stücke schneiden.

Zutaten

500 g Erdbeeren
400 g Weichweizengrieß
500 g Schmand
120 g Orangensaft
2 EL Mehl
1 TL Backpulver
425 g Zucker
2 Pck. Vanillezucker
250 g Butter
5 EL Rum
Mehl zum Bestäuben
Holzspießchen
Fett für die Form

Grießkuchen mit Erdbeersoße

1 Den Backofen auf 175 °C (Umluft: 150 °C / Gas: Stufe 2) vorheizen.

2 Die Butter schmelzen. Den Grieß mit dem Mehl, dem Backpulver und 1 Päckchen Vanillezucker vermengen. Mit dem Rührgerät den Schmand mit 350 g Zucker verrühren. Die geschmolzene Butter in die Grießmischung unterrühren und ca. 15 Minuten ausquellen lassen.

3 Eine Springform (Ø ca. 26 cm) einfetten und mit Mehl ausstäuben. Die Grießmasse nochmals 2-3 Minuten mit dem Rührgerät aufschlagen, in die Springform geben und vorsichtig glatt streichen. Im vorgeheizten Backofen ca. 45 Minuten backen. Den Kuchen in der Springform anschließend mehrmals einstechen und auf einer hitzebeständigen Unterlage oder einem Kuchengitter etwas abkühlen lassen.

4 Den übrigen Zucker mit 1 EL Wasser in einem Topf unter ständigem Rühren goldbraun karamellisieren, mit Orangensaft und Rum ablöschen und bei geringer Wärmezufuhr ungefähr 7-10 Minuten zu einem dickflüssigen Sirup einkochen.

5 Den leicht abgekühlten Kuchen mit dem heißen Sirup beträufeln und vollständig erkalten lassen.

6 Für die Soße die Erdbeeren verlesen, waschen, gut abtropfen lassen und klein schneiden. Mit einem Stabmixer eine Hälfte der Erdbeeren mit 1 Päckchen Vanillezucker pürieren. Die zweite Hälfte der Erdbeeren zum Anrichten zur Seite stellen. Den ausgekühlten Kuchen aus der Springform lösen und mit den restlichen Erdbeeren und der Erdbeersoße anrichten.

Heidelbeer-Marmorkuchen

Zutaten

25 g Zartbitter-Kuvertüre
175 g Heidelbeeren
250 g weiche Butter
250 g Zucker
1 Pck. Vanillezucker
1 Prise Salz
5 Eier
300 g Mehl
100 g Speisestärke
1 Pck. Backpulver
5 EL Milch
225 g Puderzucker
Fett und Mehl für die Form

1 Kuvertüre fein hacken. 100 g gewaschene Heidelbeeren fein pürieren.

2 Butter, Zucker, Vanillezucker und Salz mit dem Rührgerät cremig rühren. Eier nacheinander unterrühren, dann die Mischung aus Mehl, Stärke und Backpulver. Den Teig halbieren. Unter eine Hälfte die Milch rühren, unter die andere 50 g Heidelbeerpüree und Kuvertüre.

3 Den Teig abwechselnd in eine gefettete, mit Mehl ausgestäubte Springform (Ø ca. 26 cm) geben, mit einem Löffelstiel marmorieren. Im vorgeheizten Backofen bei 200 °C (Umluft: 175 °C / Gas: Stufe 3) ca. 30 Minuten backen. Den Kuchen ca. 1 Stunde abkühlen lassen, dann aus der Form lösen.

4 Die übrigen 50 g Heidelbeerpüree und den Puderzucker zu einem dicken Guss verrühren, diesen leicht auf dem Kuchen verstreichen. Die restlichen Heidelbeeren auf den Guss verteilen, den Kuchen ca. 1 Stunde auskühlen lassen.

Coffee

Heidelbeer-Orangen-Kuchen

Zutaten

300 g feines Mehl
3 TL Backpulver
1 Prise Salz
300 g Zucker (Raffinade)
2 leicht geschlagene Eier
200 ml Milch
geriebene Schale und
Saft einer Orange
130 g Butter
200 g Heidelbeeren
(frisch oder tiefgekühlt)

1 Eine Springform (Ø ca. 20 cm) einfetten und den Backofen auf 180 °C (Umluft: 160 °C / Gas: Stufe 3) vorheizen.

2 Das Mehl mit dem Salz und dem Zucker in einer Schüssel vermischen. Eier, Milch und Butter zufügen und anschließend mit der Orangenschale und dem Orangensaft verrühren, bis eine glatte Teigmasse entstanden ist.

3 Die Teigmasse langsam in die Auflaufform füllen. Anschließend mit der Hälfte der Heidelbeeren belegen und im Ofen 20 Minuten backen. Den vorgebackenen Teig aus dem Ofen nehmen und mit den restlichen Blaubeeren belegen. Nun zurück in den Ofen geben und nochmals 20 Minuten backen.

4 Den Kuchen aus dem Ofen nehmen und abkühlen lassen. Anschließend vorsichtig aus der Form lösen und auf einem Kuchenrost oder einer Tortenplatte erkalten lassen.

Himbeer-Mandel-Blechkuchen

Zutaten

Teig
250 g weiche Butter
275 g feinster Zucker
2-3 Tropfen Vanillearoma
3 Eier
250 g feines Mehl
1 TL Backpulver
125 g gemahlene Mandeln
1 Prise Salz
300 g Himbeeren (tiefgekühlt)

Belag
50 g feines Mehl
2 EL Raffinade (Zucker)
30 g kalte, in kleine Würfel geschnittene Butter
50 g gehobelte Mandeln

1 Ein Backblech einfetten und den Boden mit Backpapier auslegen. Dabei beachten, dass das Backpapier ca. 2 cm über die Form hinausgeht. Den Backofen auf 180 °C (Umluft: 160 °C / Gas: Stufe 3) vorheizen.

2 Für den Mandelbelag das Mehl mit dem Zucker in einer Schüssel vermischen. Die Butter mit den Fingern sorgfältig mit diesen Zutaten vermengen, anschließend mit einer Gabel den entstandenen Teig durch die gemahlenen Mandeln ziehen und zur Seite stellen.

3 Mit einem Rührgerät die Butter, den Zucker und das Vanillearoma so lange schlagen, bis die Masse eine helle Farbe angenommen hat. Die Eier einzeln hinzufügen und jeweils gut unterrühren. Anschließend Mehl, Salz, Backpulver und die restlichen gemahlenen Mandeln dazugeben und vermengen. Den Teig dann auf das vorbereitete Backblech streichen und mit den Himbeeren belegen. Zum Schluss den Mandelbelag über die Himbeeren streuen und im vorgeheizten Backofen backen. Nach 1 Stunde den Kuchen aus dem Ofen nehmen, etwas abkühlen lassen, auf einen Kuchenrost oder eine Tortenplatte geben und vollständig auskühlen lassen.

Johannisbeerbiskuit

Zutaten

3 Eier
225 g Zucker
1 TL Vanillezucker
50 g Butter
100 ml Buttermilch
210 g Mehl
2 TL Backpulver
1 Prise Salz
geriebene Schale und
Saft einer unbehandelten Zitrone
110 g Johannisbeeren
(frisch oder tiefgekühlt)
Butter und Semmelbrösel für die Form
1 EL Mehl zum Bestäuben

1 Den Backofen auf 175 °C (Umluft: 150 °C / Gas: Stufe 3) vorheizen, die Kranzform einfetten und mit Semmelbrösel ausstreuen.

2 Die Eier mit dem Zucker und dem Vanillezucker verrühren, bis eine schaumige Masse entstanden ist. Anschließend die Butter schmelzen und unter die Buttermilch rühren, zur Eiermischung dazugeben und alles noch einmal vermengen. Das Mehl, das Backpulver und 1 Prise Salz mischen und vorsichtig unter die Eiermasse heben. Danach die abgeriebene Schale und den Saft der unbehandelten Zitrone dazugeben und verrühren.

3 Die Johannisbeeren mit einem EL Mehl vermischen und die Früchte abwechselnd mit der Teigmasse in die gefettete Kranzform schichten.

4 Im vorgeheizten Backofen ca. 30 Minuten backen. Mit einem Holzstäbchen kontrollieren, ob noch Teig kleben bleibt. Ist dem so, so lange weiterbacken, bis das Holzstäbchen frei von Teigresten ist. Den Kuchen aus dem Ofen nehmen und auf einer hitzebeständigen Unterlage abkühlen lassen. Zum Schluss vorsichtig mit der Form schütteln und auf eine Kuchenplatte stürzen. Nach Belieben mit Staubzucker bestäuben.

Johannisbeerkuchen

Zutaten

1-1 ½ kg rote Johannisbeeren
250 g Butter oder Margarine
325 g Zucker
2 Pck. Vanillezucker
1 Prise Salz
4 Eier
250 g Mehl
75 g Speisestärke
½ Pck. Backpulver
300 g Schlagsahne
1 EL Puderzucker
Minze zum Verzieren
Fett für die Pfanne

1 Die roten Johannisbeeren waschen, gut abtropfen lassen und bis auf einige Rispen vorsichtig abstreifen.

2 Die Butter oder Margarine mit 250 g Zucker, einem Päckchen Vanillezucker und dem Salz in eine Rührschüssel geben. Die Zutaten vorsichtig mit einem Rührgerät cremig schlagen und anschließend die Eier einzeln und langsam in die Masse unterrühren. Das Mehl, die Stärke und das Backpulver in eine Extraschüssel geben, vermengen und portionsweise mit dem Rührgerät in die Teigmasse einarbeiten.

3 Den Teig auf ein eingefettetes Backblech geben und gleichmäßig glatt streichen. Die roten Johannisbeeren auf der Masse verteilen. Im vorgeheizten Backofen bei 200 °C (Umluft: 175 °C / Gas: Stufe 3) eine halbe Stunde backen. Den Kuchen eine Viertelstunde vor Ende der Backzeit mit dem restlichen Zucker bestreuen. Nach Ende der Backzeit den Kuchen aus dem Ofen nehmen und auf einem Kuchenrost abkühlen lassen.

4 Vor dem Auftragen die Schlagsahne mit einem Päckchen Vanillezucker steif schlagen. Die Schlagsahne in einen Spritzbeutel mit großer Sternentülle geben und den Kuchen je nach Stückengröße damit verzieren. Den Sahneklecks jeweils mit einer Johannisbeerrispe dekorieren. Das Ganze anschließend mit Puderzucker bestäuben und mit Minze garnieren.

Kirsch-Blechkuchen

ZUTATEN

1-1 ½ kg Sauerkirschen
(oder 2 Gläser à 720 ml)
250 g Butter
400 g Zucker
1 Pck. Vanillezucker
1 Prise Salz
10 Eier
500 g Mehl
1 Pck. Backpulver
750 g Schmand
1 Glas (200 g) Kirsch-Ingwer-Fruchtaufstrich

1 Die Sauerkirschen waschen, putzen und entsteinen. Früchte aus dem Glas nur abtropfen lassen. Die Butter mit 250 g Zucker, dem Vanillezucker und der Prise Salz mit dem Rührgerät zu einer cremigen Masse schlagen. Anschließend 4 Eier einzeln und gleichmäßig in der Masse verarbeiten. Das Mehl mit dem Backpulver mischen und ebenfalls unterrühren.

2 Den Teig auf einem gefetteten Backblech gleichmäßig verteilen und glatt streichen. Die Sauerkirschen darauf verteilen und das Ganze im vorgeheizten Backofen bei 200 °C (Umluft: 175 °C/Gas: Stufe 3) ca. 20-25 Minuten backen.

3 Während des Backens den Schmand mit 150 g Zucker, 6 Eiern und 100 g des Kirsch-Ingwer-Fruchtaufstrichs zu einem Guss verrühren.

4 Den Kuchen aus dem Backofen nehmen und den Guss mit dem übrigen Kirsch-Ingwer-Aufstrich darauf verteilen. Anschließend nochmals ca. 20-30 Minuten backen. Zum Schluss das Blech mit dem Kuchen auf einer hitzebeständigen Unterlage auskühlen lassen und in Stücke schneiden.

Versunkener Kirschkuchen

Zutaten

1 großes Glas Kirschen (720 ml)
1 kleines Glas Kirschen (370 ml)
1 Becher Vanillejoghurt (150 g)
3 Eier
Saft einer halben Zitrone
300 g Zucker
1 Pck. Vanillezucker
300 ml Sonnenblumenöl
425 g Mehl
1 Pck. Backpulver
2-3 EL Mandelblättchen
2 EL Puderzucker
Fett und Mehl für die Form
evtl. Alufolie

1 Eine Springform (Ø ca. 26 cm) einfetten und mit Mehl ausstäuben. Die gesamten Kirschen abgießen und gut abtropfen lassen.

2 Die Eier, den Zitronensaft, Zucker, Vanillezucker und Öl zum Joghurt geben. Mit dem Rührgerät verrühren und das Mehl mit dem Backpulver portionsweise vermengen. Den entstandenen Teig in die Springform geben und glatt streichen. Die Hälfte der Kirschen auf dem Kuchen verteilen und ca. 1 cm tief eindrücken. Die übrigen Kirschen darüberstreuen.

3 Im vorgeheizten Backofen bei 175 °C (Umluft: 150 °C / Gas: Stufe 2) ca. 1 Stunde backen. Den Kuchen nach ca. 30 Minuten Backzeit mit Mandelblättchen bestreuen. Damit die Mandelblättchen nicht zu stark bräunen, evtl. den Kuchen mit Alufolie abdecken. 10 Minuten vor Ende der Backzeit mit einem Holzstäbchen eine Teigprobe machen: Bleibt noch Teig am Holzstäbchen kleben, benötigt der Kuchen noch einige Minuten länger zum Backen. Anschließend den Kirschkuchen aus dem Ofen nehmen und vorsichtig vom Rand lösen, auf einer hitzebeständigen Unterlage auskühlen lassen. Nach Belieben mit Puderzucker bestäuben.

Nektarinen-Frangipane

Zutaten

1 Rolle (270 g) frischer Blätterteig (aus dem Kühlregal)
150 g + 1 EL gehobelte Mandeln
40 g Pistazien (ungesalzen)
150 g Zucker
¼ TL Salz
2 Eier
2 EL Butter
1 TL flüssiger Vanilleextrakt
2-3 Tropfen Mandelaroma
3-4 in dünne Spalten geschnittene Nektarinen
1 EL brauner Zucker
200 ml Schlagsahne
1 Pck. Sahnesteif
etwas Kakaopulver
Backpapier

1 Den Backofen auf 160 °C (Umluft: 140°C / Gas: Stufe 2) vorheizen. 150 g gehobelte Mandeln und 40 g Pistazien auf einem Backblech ca. 10 Minuten im Ofen rösten.

2 Mandeln und Pistazien mit der Küchenmaschine fein mahlen. Zucker und Salz zufügen, nochmals mahlen. Die verquirlten Eier, geschmolzene Butter, Vanilleextrakt und Mandelaroma zugeben und alles zu einer cremigen, streichfähigen Masse verrühren.

3 Ofentemperatur auf 220°C (Umluft: 200°C / Gas: Stufe 3) erhöhen. Den Blätterteig ausrollen, mit dem Backpapier auf ein Backblech legen und im obersten Drittel des Ofens ca. 8 Minuten vorbacken. Aus dem Ofen nehmen und leicht wieder in sich zusammensacken lassen. Den Ofen auf 180°C (Umluft: 160°C / Gas: Stufe 2-3) herunterschalten.

4 Eine dünne Schicht Pistaziencreme auf den Teigboden streichen. Nektarinenspalten fächerförmig auf die Creme legen und mit 1 EL gehobelten Mandeln und braunem Zucker bestreuen. 35-40 Minuten weiterbacken, auskühlen lassen.

5 Sahne mit Sahnesteif schlagen, mit einer Tortenspritze oder einem Löffel auftragen, mit Kakaopulver bestäuben.

KAFFE

Pflaumen-Streuselkuchen

Zutaten

Teig
200 g Mehl
½ Pck. Backpulver
100 g Zucker
2 Eier
1 Prise Salz
125 g Margarine

Belag
ca. 1 kg Pflaumen
150 g Mehl
100 g Zucker
1 Pck. Vanillezucker
ca. 90 g weiche Butter
Zimt

1 Mehl mit Backpulver mischen und sieben.

2 Restliche Zutaten für den Teig hinzufügen und mit einem Handrührgerät (Knethaken) kurz auf niedrigster und dann auf höchster Stufe zu einem glatten Teig verarbeiten.

3 Den Teig auf dem Boden einer gefetteten Springform (Ø ca. 28 cm) andrücken.

4 Pflaumen waschen, entsteinen, vierteln und schuppenförmig auf den Teigboden legen.

5 Für die Streusel Mehl, Zucker und ½ Päckchen Vanillezucker mischen. Nach und nach mit der Butter verkneten.

6 Streusel über die Pflaumen verteilen.

7 Im vorgeheizten Backofen bei 180 °C (Umluft: 160 °C / Gas: Stufe 3) ca. 30-40 Minuten backen.

8 Den restlichen Vanillezucker mit etwas Zimt mischen und auf den noch warmen Kuchen streuen.

Pflaumenmus-Butterkuchen

Zutaten

200 g Schlagsahne
ca. 300 g Zucker
1 Pck. Vanillezucker
Salz
3 Eier
ca. 210 g Mehl
½ Pck. Backpulver
125 g Butter
6 EL Milch
200 g Mandelblättchen
350 g Pflaumenmus
Backpapier

1 Den Backofen auf 175 °C (Umluft: 150 °C / Gas: Stufe 3) vorheizen. Ein Backblech (ca. 35 x 40 cm) mit Backpapier auslegen.

2 Die Sahne steif schlagen, 200 g Zucker, Vanillezucker und 1 Prise Salz einrieseln lassen. Eier unterrühren. Mehl und Backpulver mischen, kurz unterrühren. Den Teig auf das Backblech streichen und im heißen Ofen ca. 15 Minuten vorbacken.

3 In der Zwischenzeit für den Guss die Butter in einem Topf schmelzen, 100 g Zucker und die Milch zufügen, unterrühren. Mandelblättchen unterheben.

4 Den Kuchen aus dem Ofen nehmen, die Pflaumenmuskleckse darauf verteilen und den Mandelguss darübergießen. Bei gleicher Temperatur weitere ca. 20 Minuten fertigbacken.

Stachelbeerkuchen mit Schmand

Zutaten
Tassenrezept 200 ml

Teig
2 Tassen Mehl
1 Tasse gemahlene Mandeln
3 Tassen Zucker
3 Pck. Vanillezucker
1 Pck. Backpulver
Salz
1 Tasse Sonnenblumenöl
6 Eier
1 Tasse Mineralwasser mit Kohlensäure
Fett für das Blech

Belag
6 Tassen Stachelbeeren aus dem Glas (2 Gläser)
2 Pck. Vanillepuddingpulver
4 Tassen Stachelbeersaft
4 Tassen Schmand
3 Pck. Sahnefestiger
Zimt zum Bestreuen

1 Mehl, Mandeln, 2 Tassen Zucker, 2 Packungen Vanillezucker, Backpulver und Salz mischen. Öl, Eier und Mineralwasser zugeben, ca. 1 Minute mit dem Handrührgerät auf höchster Stufe verrühren.

2 Ein Backblech (ca. 37 x 44 cm) einfetten. Teig darauf verteilen. Im vorgeheizten Backofen ca. 20 Minuten bei 200 °C (Umluft: 180 °C / Gas: Stufe 3) backen. Den Kuchen auskühlen lassen.

3 Puddingpulver, 8 EL Saft und eine halbe Tasse vom Rest Zucker verrühren. Übrigen Saft aufkochen. Puddingmischung einrühren, noch einmal aufkochen, die Stachelbeeren einrühren. Auf dem Kuchen verteilen, glatt streichen, abkühlen lassen.

4 Schmand, übrigen Zucker, Rest Vanillezucker und Sahnesteif mit dem Schneebesen des Handrührgerätes steif schlagen. Auf der Stachelbeerschicht glatt streichen, mit Zimt bestreuen.

Stachelbeerkuchen mit Schmandguss

Zutaten

1 kg Stachelbeeren
300 g Mehl
1 Pck. Backpulver
150 g Magerquark
6 EL Sonnenblumenöl
6 EL Milch
1 Prise Salz
175 g Zucker
1 Pck. Vanillezucker
5 Eier
200 g Schmand
1 Pck. Vanillepuddingpulver
2 EL Paniermehl
Puderzucker zum Bestäuben

1 Die Stachelbeeren putzen, waschen und abtropfen lassen. Das Mehl mit dem Backpulver mischen und anschließend mit dem Magerquark, 6 EL Öl, der Milch, 1 Prise Salz, 75 g Zucker, Vanillezucker und 1 Ei mit dem Rührgerät zu einem glatten Teig verkneten. Den Backofen auf 200 °C (Umluft: 175 °C / Gas: Stufe 2-3) vorheizen.

2 4 Eier, den restlichen Zucker, Schmand und Puddingpulver in einer Schüssel mit dem Rührgerät zu einem Guss verarbeiten.

3 Ein Backblech (ca. 32 x 39 cm) einölen, den Teig darauf ausrollen und mit Paniermehl bestreuen. Die Früchte gleichmäßig darauf verteilen. Den Guss vorsichtig darübergießen. Im vorgeheizten Backofen backen.

4 Den Kuchen aus dem Backofen nehmen und auf einer hitzebeständigen Unterlage auskühlen lassen. Nach Belieben mit Puderzucker bestäuben.

coffee
COFFEE

Weinbeerstrudel

Zutaten

Strudel

250 g Mehl
100 g Zucker
½ Pck. Backpulver
1 Ei
80 g weiche Butter
4 EL saure Sahne
1 Prise Salz

Füllung

500 g kernlose Weinbeeren
200 g weiche Butter
200 g geriebene Mandeln
100 g Puderzucker
2 Eier
1 Pck. Vanillezucker
1 Prise Salz
80 g Kristallzucker
½ TL geriebene Zitronenschale

1 Butter, Ei und Zucker mit dem Rührgerät cremig rühren. Saure Sahne, Mehl und Backpulver untermengen. Den Teig dünn auf dem mit Mehl bestäubten Backpapier ausrollen, lieber etwas mehr Mehl nehmen, damit nichts anklebt.

2 Mandelmasse: Butter mit Mandeln, Puderzucker, Vanillezucker, Salz und Zitronenschale schaumig rühren. Eigelb nach und nach zugeben. Eiweiß mit Kristallzucker zu Schnee schlagen und unter die Mandelmasse heben.

3 Masse dünn auf dem Teig verteilen und halbierte Weintrauben darauflegen. Mit Hilfe des Backpapiers den belegten Teig zu einer Rolle formen und die Enden gut andrücken.

4 Den Backofen vorheizen und den Strudel bei 180 °C (Umluft: 160 °C / Gas: Stufe 2-3) 30 Minuten backen. Auskühlen lassen und mit Puderzucker bestäuben.

Torten

ZUTATEN

TEIG
4 Eier
150 g Butter
180 g Zucker
1 Prise Salz
180 g Mehl
140 g Mohn (gemahlen)
4 cl Rum
Butter und Semmelbrösel
für die Form

BELAG
2 Dosen Aprikosen
(Abtropfgewicht 470 g)
3 EL Mohn (gemahlen)
1 Pck. klarer Tortenguss
400 ml Sahne
1 Pck. Vanillezucker
2 Pck. Sahnesteif

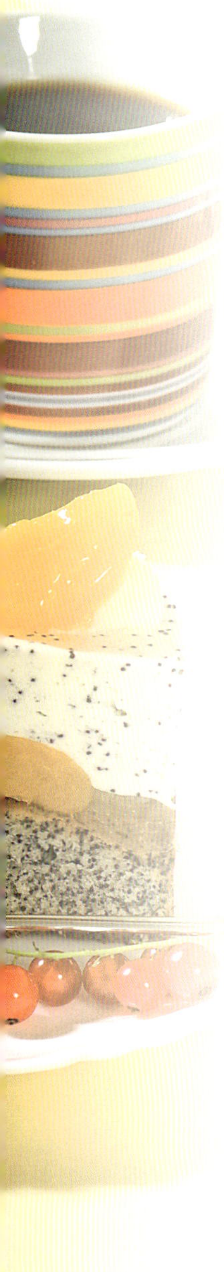

Aprikosen-Mohn-Torte

1 Den Backofen auf 175°C (Umluft: 150°C/Gas: Stufe 2) vorheizen, eine Springform (Ø ca. 26 cm) einfetten und mit Semmelbröseln ausstreuen.

2 Die Eier trennen und das Eiweiß steif schlagen. Dabei darauf achten, dass das Eiweiß frei von Eigelbrückständen ist. Den Eischnee im Kühlschrank kalt stellen. Butter schmelzen und etwas abkühlen lassen.

3 Das Eigelb, den Zucker und die Prise Salz mit dem Rührgerät cremig rühren. Das Mehl und den Mohn unterheben und die flüssige Butter mit dem Rum langsam zufügen. Den gekühlten Eischnee daraufgeben und ebenfalls vorsichtig unterheben.

4 Die Masse in die gefettete Form füllen und auf der mittleren Schiene des Backofens ca. 50 Minuten backen. Den Kuchen vorsichtig auf ein Kuchengitter stürzen, abkühlen lassen.

5 Die Aprikosen aus der Dose abtropfen lassen und 250 ml Saft auffangen. Den Tortenboden auf eine Tortenplatte legen und in einen Tortenring einpassen. Aus dem aufgefangenen Aprikosensaft und dem klaren Tortenguss nach Packungsanweisung einen Guss herstellen und auf den Boden geben. $^2/_3$ der Aprikosen mit der Wölbung nach oben in den Guss setzen und diesen fest werden lassen.

6 Die Sahne mit dem Vanillezucker steif schlagen. Dabei das Sahnesteif und den Mohn langsam einrieseln lassen. Die entstandene Mohnsahne auf den Aprikosen verteilen. Nach Belieben die übrig gebliebenen Aprikosen in schmale Spalten oder Scheiben schneiden und die Torte damit verzieren.

Erdbeer-Joghurt-Torte

Zutaten

Teig

2 Eier
75 g Butter
90 g Zucker
1 Prise Salz
90 g Mehl
Butter und Semmelbrösel für die Form

Belag

750 g Erdbeeren
500 g Joghurt
100 g Zucker
9 Blatt weiße Gelatine
Saft einer halben Zitrone
250 ml Apfelsaft
1 Pck. Tortenguss (rot)
gehackte Nüsse

1 Den Backofen auf 175 °C (Umluft: 155 °C / Gas: Stufe 2) vorheizen. Die eingefettete Springform (Ø ca. 26 cm) mit Semmelbröseln ausstreuen. Die Eier trennen und das Eiweiß steif schlagen, kalt stellen. Die Butter in einem Topf schmelzen und ein wenig abkühlen lassen. Das Eigelb mit Zucker und Salz cremig rühren. Das Mehl unterrühren, dann die flüssige Butter einrühren, den Eischnee auf den Teig geben und unterheben.

2 Den Teig in die Form geben, auf der mittleren Schiene ca. 50 min backen und auskühlen lassen.

3 Die Erdbeeren waschen und putzen. 500 g pürieren und mit Joghurt und Zucker verrühren, die übrigen Beeren in Würfel schneiden. Die Gelatine in kaltem Wasser einweichen. Gelatine nach Packungsanweisung zubereiten und mit dem Zitronensaft binden, schnell unter den Erdbeerjoghurt rühren.

4 Den Tortenboden in einen Tortenring einpassen. Die Creme auf dem Boden verteilen und die Torte im Kühlschrank ca. 2 Stunden kalt stellen.

5 Aus dem Apfelsaft und dem Tortenguss einen Guss zubereiten. Die Erdbeerwürfel unterheben, auf der Torte verstreichen und fest werden lassen.

6 Den Tortenrand mit gehackten Nüssen verzieren.

Zutaten

Teig
5 Eier
190 g Butter
100 g Kuvertüre
(70% Kakaoanteil)
225 g Zucker
1 Prise Salz
225 g Mehl
Butter und Semmelbrösel
(für die Form)
Puderzucker
Zitronenmelisseblätter

Belag
6 Blatt rote Gelatine
550 g Himbeeren
100 g Puderzucker
400 ml Sahne

Himbeer-Schoko-Torte

1 Den Backofen auf 175°C (Umluft: 150°C/Gas: Stufe 2) vorheizen. Die eingefettete Springform mit Semmelbröseln ausstreuen. Die Eier trennen, das Eiweiß steif schlagen und kalt stellen.

2 Butter und Kuvertüre in einem Topf schmelzen und ein wenig abkühlen lassen. Das Eigelb mit Zucker und Salz cremig rühren, das Mehl unterrühren, dann die flüssige Schokoladenbutter. Den Eischnee daraufgeben und unterheben.

3 Den Teig in die Form füllen und auf der mittleren Schiene ca. 50 Minuten backen. Den Kuchen auf ein Kuchengitter stürzen, auskühlen lassen.

4 Inzwischen die Gelatine in kaltem Wasser einweichen. Die Himbeeren waschen. 400 g davon pürieren, durch ein Sieb streichen und mit dem Puderzucker verrühren. Die ausgedrückte Gelatine in etwas erhitztem Wasser auflösen und unter das Püree rühren. Kalt stellen, bis die Masse zu gelieren beginnt. 250 ml steif geschlagene Sahne unter das gelierte Fruchtpüree heben.

5 Den Kuchenboden quer durchschneiden. Den unteren Boden auf eine Tortenplatte legen und in einen Tortenring einpassen. Die Himbeercreme auf dem Boden verteilen. Den oberen Boden daraufsetzen, leicht andrücken. 1 Stunde kalt stellen.

6 Vor dem Servieren die Torte mit Puderzucker bestäuben, mit der übrigen steif geschlagenen Sahne, den restlichen Himbeeren und der Zitronenmelisse verzieren.

ZUTATEN

200 g gemahlene Haselnüsse
150 g Mehl
120 g Puderzucker
1 Prise Salz
1 Ei
240 g Butter
1 große Oblate (Ø ca. 25 cm)
1 Eigelb
300 g Himbeerkonfitüre
Backpapier

Linzer Torte mit Himbeeren

1 Für den Teig Mehl, Puderzucker, Salz und Haselnüsse mischen. In die Mitte eine Mulde drücken. Das Ei hineinschlagen, Butterflöckchen zugeben. Alles mit einem Messer durchhacken, mit den Händen rasch zu einem glatten Teig verarbeiten.

2 Den zu einer Kugel geformten Teig in Frischhaltefolie wickeln, 30 Minuten in den Kühlschrank stellen.

3 Den Backofen auf 180 °C (Umluft: 160 °C / Gas: Stufe 2-3) vorheizen.

4 Die Hälfte des Teiges in einem Tortenring (Ø ca. 26 cm), der mit Backpapier ausgelegt ist, ca. 1 cm dick verteilen.

5 Aus dem restlichen Teig Teigwülste formen, mit der Hälfte davon einen Rand um den Boden legen.

6 Die Himbeerkonfitüre glatt rühren und auf den Boden streichen.

7 Die übrigen Wülste zurechtschneiden und gitterartig auf den Kuchen legen. Gitter und Rand mit Eigelb bestreichen.

8 Die Torte ca. 1 Stunde goldbraun backen. Wenn erforderlich, zum Ende der Backzeit mit Alufolie abdecken.

Zutaten

100 g Butter
150 g Eiswaffeln
8 Blatt Gelatine
350 g Johannisbeeren
500 g Dickmilch (3,5% Fett)
500 g Sahnequark (40% Fett)
150 g Zucker
200 g Schlagsahne

Johannisbeer-Quark-Torte

1 Die Butter schmelzen, mit den in kleine Stückchen zerbröselten Eiswaffeln mischen, auf dem Boden einer Springform (Ø ca. 26 cm) verteilen und andrücken. Anschließend die Springform kühl stellen.

2 Die Johannisbeeren waschen und bis auf einige Rispen von den Stielen entfernen. Die Früchte pürieren und durch ein Sieb geben. Anschließend mit der Dickmilch, dem Sahnequark und dem Zucker verrühren.

3 Die Schlagsahne zwischen den Arbeitsschritten steif schlagen.

4 Die Gelatineblätter zunächst in kaltes Wasser geben, bis sie weich geworden sind. Anschließend vorsichtig ausdrücken und mit etwas warmem Wasser auflösen. 3 EL der Johannisbeercreme hinzufügen und langsam einrühren. Die Masse dann zur übrigen Creme geben und wieder vorsichtig einrühren. Die steifgeschlagene Sahne in die Masse geben und unterheben.

5 Die Johannisbeercreme in die Springform füllen und die Torte für ca. 3 Stunden im Kühlschrank kalt stellen. Zum Schluss die Torte mit den restlichen Johannisbeerrispen verzieren.

Zutaten

Teig
5 Eier
200 g Butter
225 g Zucker
1 Prise Salz
225 g Mehl
100 g gehackte Mandeln
Butter und Semmelbrösel für die Form

Belag
500 g weiße Kuvertüre
250 g Schlagsahne
200 g Butter
2 Zitronen
1 kg Pfirsiche (frisch oder aus der Dose)
500 ml Pfirsichsaft

150 g gehobelte Mandeln zum Verzieren

Pfirsich-Mandel-Torte

1 Am Vortag die weiße Kuvertüre hacken und mit der Sahne und der Butter bei geringer Hitze zu einer glatten Creme verrühren. Diese über Nacht im Kühlschrank erkalten lassen.

2 Den Backofen auf 175 °C (Umluft: 155 °C/Gas: Stufe 2-3) vorheizen. Eine Springform (Ø ca. 20 cm) einfetten und mit Semmelbröseln ausstreuen.

3 Die fünf Eier trennen und anschließend das Eiweiß steif schlagen. Darauf achten, dass das Eiweiß vollkommen frei von Eigelb ist. Bis zur weiteren Verwendung die Eiweißmasse kalt stellen. Anschließend die Butter schmelzen und etwas abkühlen lassen.

4 Das Eigelb mit Zucker und Salz cremig schlagen. Das Mehl und die gehackten Mandeln unterrühren und die flüssige Butter dazugeben. Den Eischnee vorsichtig unter die Masse heben.

5 Den Teig in die Form geben und auf der mittleren Schiene ca. 1 Stunde backen. Den Kuchen auf eine hitzebeständige Unterlage stürzen und auskühlen lassen.

6 Für den Belag die Zitronen auspressen, die Pfirsiche häuten, vierteln und die Steine entfernen. Dosenpfirsiche gut abtropfen lassen. Den Pfirsich- und Zitronensaft in einem breiten Topf aufkochen, die Pfirsichstücke dazugeben, einmal aufkochen und anschließend erkalten lassen. Die Pfirsichstücke herausnehmen und gut abtropfen lassen. Die Kuvertüremasse vom Vortag 5 Minuten aufschlagen, bis sie streichfähig wird. Vier der Pfirsichviertel in kleine Würfel schneiden und unter die Creme heben. Die restlichen Fruchtviertel fächerförmig aufschneiden.

7 Den Tortenboden zweimal horizontal durchschneiden. Den unteren Boden auf eine Tortenplatte legen und in einen Tortenring einpassen. Den Boden mit einem knappen Drittel der Creme bestreichen, den zweiten Boden auflegen und ebenfalls dick mit Creme bestreichen. Den dritten Boden auflegen und den Deckel sowie den Tortenrand mit der restlichen Creme bestreichen. Als Verzierung die Pfirsichfächer darauf verteilen. Die Torte für mindestens 3 Stunden kalt stellen.

Preiselbeer-Buttermilch-Torte

Zutaten

Teig
7 Eier
265 g Butter
100 g dunkle Kuvertüre (70% Kakaoanteil)
315 g Zucker
1 Prise Salz
315 g Mehl
Butter für die Form
Kakaopulver (ungesüßt)

Creme
150 g Preiselbeeren aus dem Glas
3 Blatt Gelatine
300 ml Sahne
250 ml Buttermilch
Saft und Schalenabrieb einer halben unbehandelten Zitrone
90 g Zucker

1 Den Backofen auf 175 °C (Umluft: 155 °C / Gas: Stufe 2-3) vorheizen. Eine Springform einfetten. Die Eier trennen, das Eiweiß steif schlagen und kalt stellen.

2 Die Butter und die Kuvertüre in einem Topf schmelzen und etwas abkühlen lassen. Eigelb, Zucker und Salz cremig rühren. Das Mehl zufügen, unterrühren und die flüssige Schokobutter einrühren. Dann den Eischnee unterheben.

3 Den Teig in die Form geben, auf der mittleren Schiene ca. 1 Stunde backen, auf ein Kuchengitter stürzen, auskühlen lassen.

4 Die Preiselbeeren abtropfen lassen. Die Gelatine in kaltem Wasser einweichen. Die steif geschlagene Sahne im Kühlschrank kalt stellen.

5 Buttermilch, Zitronensaft, Zitronenabrieb und Zucker verrühren. Die ausgedrückte Gelatine in einem Topf erwärmen. Die Buttermilchmischung schnell unterrühren, kalt stellen. Wenn die Creme zu gelieren beginnt, die Sahne und die Preiselbeeren unterheben.

6 Den Tortenboden mit einem langen Messer oder einem Faden zweimal waagerecht durchschneiden. Den unteren Boden mit der Hälfte der Creme bestreichen, dann den zweiten Boden auflegen und die restliche Creme daraufstreichen. Den dritten als Deckel auflegen, mit dem Kakaopulver bestäuben.

Zutaten

Teig
3 Eier
100 g Butter
135 g Zucker
1 Prise Salz
135 g Mehl
Butter und Semmelbrösel für die Form

Belag
1 kg Rhabarber
12 Blatt rote Gelatine
3 Blatt weiße Gelatine
120 g Zucker
1 Pck. Vanillezucker
500 ml Sahne
2 EL rotes Johannisbeergelee
200 g Schlagsahne
1 Pck. Sahnesteif
Staubzucker bei Bedarf

Rhabarber-Sahne-Torte

1 Den Backofen auf 175 °C (Umluft: 155 °C / Gas: Stufe 3) vorheizen. Eine Springform einfetten , die Semmelbrösel einstreuen. Die Eier trennen und das Eiweiß steif schlagen, kalt stellen. Die Butter in einem Topf schmelzen und ein wenig abkühlen lassen. Eigelb mit Zucker und Salz cremig rühren. Das Mehl unterrühren, danach die flüssige Butter einrühren und den Eischnee unterheben.

2 Den Teig in die Springform (Ø ca. 26 cm) geben und auf der mittleren Schiene ca. 30 Minuten backen, auskühlen lassen.

3 Inzwischen den Rhabarber waschen, schälen und in kleine Stücke schneiden. Mit ca. 75 ml Wasser 5-10 Minuten weich kochen.

4 Die Gelatine in kaltem Wasser einweichen. Den gekochten Rhabarber bis auf wenige Stücke zu einem Brei verrühren. Gelatine ausdrücken, mit Zucker und Vanillezucker in den warmen Fruchtbrei rühren, abschmecken, falls gewünscht, noch etwas nachsüßen. Die restlichen Rhabarberstücke unterheben. Den Fruchtbrei ca. 1 Stunde kalt stellen, bis er fest zu werden beginnt. Sahne steif schlagen und unterheben.

5 Die Rhabarbercreme auf dem Tortenboden verteilen und mindestens 2 Stunden kalt stellen. Das Johannisbeergelee in einem Topf leicht erwärmen, die Torte damit verzieren, kurz trocknen lassen, Sahne steif schlagen und auf die Torte geben.

Zutaten

800 g Sauerkirschen aus dem Glas
500 ml Kirschsaft
100 ml Kirschwasser
800 ml Sahne
150 g Zartbitter-Kuvertüre
200 g Zucker
100 g Mehl
80 g Speisestärke
1 TL Backpulver
3 Pck. Vanillezucker
75 g Butter
6 Eier
Salz
100 g geraspelte Halbbitterschokolade
kandierte Kirschen zum Verzieren

Schwarzwälder Kirschtorte

1 Den Backofen auf 175 °C (Umluft: 150 °C / Gas: Stufe 2) vorheizen.

2 Die Zartbitter-Kuvertüre mit der Butter im heißen Wasserbad schmelzen und langsam abkühlen lassen.

3 Sechs Eier in Eigelb und Eiweiß trennen. Das Eiweiß mit 1 Prise Salz zu steifem Schnee schlagen. Das Eigelb mit 180 g Zucker schaumig rühren. Die noch leicht flüssige Kuvertüre in der Eigelbmasse verrühren, den Eischnee darunter heben und alles vorsichtig vermengen. Das Mehl mit 50 g Stärke und 1 TL Backpulver über die Masse sieben und locker unterheben. Teig in eine mit Backpapier ausgelegte Springform (Ø ca. 26 cm) füllen und im Backofen ca. 45 Minuten backen. Anschließend den Biskuitboden vorsichtig aus der Form lösen, auf einer hitzebeständigen Unterlage auskühlen lassen und zweimal waagerecht durchschneiden.

4 Sauerkirschen in einem Sieb abtropfen lassen und 500 ml des Kirschsaftes auffangen. Die übrige Stärke mit dem restlichen Zucker vermischen und mit etwas Kirschsaft glatt rühren. Den restlichen Saft zum Kochen bringen, die Speisestärke dazugeben, rühren und nochmals kurz aufkochen lassen. Kirschen hinzufügen, alles vermengen und die Masse etwas abkühlen lassen. Dann 50 ml Kirschwasser hinzufügen und alles nochmals verrühren. Die zwei Biskuitböden bis auf 2 EL mit dem restlichen Kirschwasser beträufeln und jeweils die Hälfte der Kirschmasse darauf verteilen, fest werden lassen.

5 Die Sahne mit den drei Päckchen Vanillezucker steif schlagen. Einen Boden auf eine Tortenplatte legen und mit einem Viertel der geschlagenen Sahne gleichmäßig bestreichen. Den zweiten Tortenboden darauflegen und ebenfalls mit einem Viertel der Sahne bestreichen. Den letzten Biskuitboden daraufsetzen und mit dem restlichen Kirschwasser beträufeln.

6 Die Torte rundherum mit Sahne gleichmäßig bestreichen. Einen Spritzbeutel mit kleiner Sternentülle mit dem Rest der Sahne füllen und die Torte am Rand nach Belieben mit Sahnetupfen, geraspelter Halbbitterschokolade und kandierten Kirschen verzieren.

Zutaten

500 g reife Stachelbeeren
100 g Pinienkerne
5 Eiweiße
80 g Zucker

300 g Puderzucker
180 g weiße Kuvertüre
30 g Vollmilch-Kuvertüre
450 g Crème fraîche

Stachelbeertorte

1 Die Pinienkerne in einer beschichteten Pfanne ohne Fett langsam rösten. Die Pfanne vom Herd nehmen und abkühlen lassen. Anschließend die Pinienkerne in einer Haushaltmühle mahlen. Das Eiweiß steif schlagen und dabei den Zucker langsam einrieseln lassen. Darauf achten, dass am Eiweiß keine Eigelbrückstände mehr vorhanden sind. Anschließend zunächst den Puderzucker und dann die gemahlenen Pinienkerne vorsichtig unterheben.

2 Den Backofen auf 150 °C (Umluft: 125 °C/Gas: Stufe 2) vorheizen. Zwei Backbleche mit Backpapier belegen. Auf diesen jeweils einen Kreis (Ø ca. 26 cm) aufzeichnen. Die Teigmasse danach in die Kreise geben und vorsichtig glatt streichen. Das Ganze im Backofen ca. 35-40 Minuten backen. Anschließend den Backofen ausschalten und die Böden bei etwas geöffneter Ofentür langsam erkalten lassen.

3 30 g weiße Kuvertüre und die gesamte Vollmilch-Kuvertüre getrennt in heißen Wasserbädern schmelzen und mit einem Löffel zügig als Streifen über einen der Böden ziehen.

4 Die geputzten und gewaschenen Stachelbeeren abtropfen lassen. Die restliche weiße Kuvertüre ebenfalls im heißen Wasserbad schmelzen und mit der Crème fraîche langsam verrühren. Die Hälfte der Creme auf den unverzierten Boden geben und glatt streichen. Darauf die Stachelbeeren verteilen, die restliche Creme darübergeben und ebenfalls glatt streichen. Den verzierten Boden daraufsetzen.

Coffee

Quittentorte

Zutaten

Teig

250 g Mehl
200 g Butter
2 EL Zucker
1 TL abgeriebene Schale einer unbehandelten Zitrone
1 Ei
1 Prise Salz
Fett für die Form

Belag

1 kg Quitten
250 g Zucker
50 g Zitronat
abgeriebene Schale einer unbehandelten Zitrone

Glasur

4 Eier
2 Eigelb
100 g Zucker
2 EL gemahlene Mandeln
2 EL Zitronensaft
2 EL Paniermehl
1 TL Zimtpulver
2 EL Zucker
80 g Butter

1 Mehl, Butter, Zucker, Zitronenschale, Ei und Salz zu einem glatten Teig verkneten, 30 Minuten kalt stellen.

2 Die Quitten mit einem Tuch abreiben, schälen, vierteln und entkernen, die Stücke in ¾ l Wasser 20 Minuten kochen. Anschließend herausnehmen, abtropfen lassen, den Saft auffangen, die Quittenstücke in kleinere Stücke schneiden.

3 ¼ des Kochsuds mit dem Zucker aufkochen, die Quittenwürfel, das Zitronat und die Zitronenschale zufügen und alles einkochen, bis eine geleeartige Masse entsteht.

4 ⅔ vom Teig auf einer bemehlten Arbeitsfläche ausrollen, auf den Boden einer gefetteten Springform (Ø ca. 28 cm) geben und mit einer Gabel einstechen. Aus dem übrigen Teig einen Rand formen. Dann die Quittenmasse bis auf einige Esslöffel auf dem Teig verteilen.

5 Eier mit Eigelb und Zucker schaumig rühren, Mandeln mit Zitronensaft und dem restlichem Quittengelee unterziehen, alles auf die Quittenmasse streichen.

6 Im vorgeheizten Backofen bei 200 °C (Umluft: 180 °C / Gas: Stufe 3) 40 Minuten backen. Paniermehl mit Zimt, Zucker und zerlassener Butter vermischen, auf der Torte verteilen und 15 Minuten backen.

Zutaten

150 g Butter
330 g Zucker
3 Eier
200 g Mehl
100 g Mandeln
2 TL Backpulver
2 EL Milch

500 g Quitten
500 ml Apfelsaft
2 Pck. Vanillezucker
1 Pck. Vanillepudding-
pulver
6 Blatt Gelatine
250 ml Roséwein

2 TL Zitronenschale
500 ml Sahne

Quitten-Mandel-Torte

1 Eine Springform (Ø ca. 24 cm) einfetten, den Backofen auf 175 °C (Umluft: 155 °C / Gas: Stufe 3) vorheizen.

2 Butter und 150 g Zucker cremig schlagen, die Eier einzeln unterrühren, bis sich der Zucker gelöst hat. Mehl, die gemahlenen Mandeln und das Backpulver mischen, portionsweise unterheben, dann die Milch unterrühren. Den Teig in die Form geben, ca. 40 Minuten backen und auskühlen lassen.

3 Für das Kompott: Die geschälten Quitten vierteln und entkernen, dann fein hobeln. Mit 250 ml Apfelsaft, 80 g Zucker und dem Vanillezucker aufkochen und 10 Minuten köcheln lassen. In einem Sieb abtropfen lassen, den Saft auffangen. 400 ml Saft aufkochen. Das Puddingpulver mit 3 EL Wasser verquirlen und in den Saft einrühren, das Ganze 5 Minuten köcheln lassen. In Eiswasser kalt rühren. Nun die Quittenstücke vorsichtig unterziehen. Einen Tortenring um den Boden legen und das Quittenkompott auf den Boden streichen.

4 Für die Creme: Gelatine einweichen. Den übrigen Apfelsaft erwärmen und die restlichen 100 g Zucker darin auflösen. Nun Wein und Zitronenschale zugeben und die Gelatine darin auflösen, ca. 30 Minuten kühl stellen. 300 ml Sahne steif schlagen und unterheben, wenn die Masse zu gelieren beginnt. Die Creme auf das Kompott geben und kalt stellen.

5 Die restlichen 200 g Sahne steif schlagen, auf die Torte streichen bzw. diese damit verzieren.

Tartes und Cheesecakes

Apfel-Brombeer-Crumble

Zutaten

200 g Butter
1 kg Äpfel
50 g Pekan- oder Walnüsse
200 g Mehl
200 g Zucker
1 Pck. Vanillezucker
200 g Nussmüsli
300 g Brombeeren
flüssige Butter zum Kneten

1 Den Backofen auf 200 °C (Umluft: 175 °C / Gas: Stufe 3) vorheizen und ein kleines Backblech einfetten. Die Äpfel schälen, vierteln, entkernen, in Spalten schneiden und in der Form verteilen. Im Backofen ca. 10 Minuten vorbacken und herausnehmen.

2 200 g Butter schmelzen und mit den grob gehackten Nüssen vermengen. Das Mehl, den Zucker, Vanillezucker, Müsli und die gehackten Nüsse in einer Schüssel mischen. Die flüssige Butter zugeben und mit den Händen zu groben Streuseln verkneten.

3 Die Brombeeren verlesen und kurz abspülen. Streusel und Brombeeren anschließend auf dem Backblech mit den Apfelspalten gleichmäßig verteilen. Das Ganze wieder in den Backofen geben und ca. 20-25 Minuten weiterbacken.

Apfel-Cheesecake

Zutaten

3 säuerliche Äpfel
225 g Butter
200 g Zucker
4 Eier
750 g Magerquark
100 ml Milch
4 EL Rosinen
Salz
6 EL Puderzucker
150 ml Apfelsaft
150 g Mehl
1 Pck. Käsekuchenhilfe

1 Eines der Eier in Eigelb und Eiweiß trennen, das Eiweiß beiseitestellen. Das Eigelb mit 100 g Butter, 50 g Zucker, dem Mehl und der Prise Salz mit dem Knethaken des Rührgerätes verkneten. Den Teig in eine gefettete Springform (Ø ca. 24 cm) geben und fest am Boden andrücken, dabei am Rand etwas hochdrücken. Die Hände vorher bemehlen. Im vorgeheizten Ofen bei 200 °C (Umluft: 180 °C / Gas: Stufe 3) auf der zweiten Schiene von unten 10 Minuten vorbacken.

2 Inzwischen die geschälten, entkernten Äpfel in 1 ½ cm dicke Spalten schneiden. Den Puderzucker in einer beschichteten Pfanne hellbraun karamellisieren, mit Apfelsaft ablöschen, 1 Minute einkochen lassen. Die Äpfel zufügen und bei milder Hitze 5 Minuten dünsten.

3 125 g Butter schmelzen und abkühlen lassen, bis sie lauwarm ist. 150 g Zucker mit der Käsekuchenhilfe mischen und alles mit dem Quark, dem Eiweiß, den übrigen 3 Eiern, der Milch und den Rosinen verrühren.

4 Die Hälfte der Apfelspalten ohne Sauce auf den Teig geben, die Quarkmasse darauf verteilen und bei 180 °C (Umluft: 160 °C / Gas: Stufe 2-3) wie oben 1 Stunde backen. Nach 40 Minuten mit Alufolie abdecken.

5 Den Kuchen in der Form abkühlen lassen und herausnehmen. Zum Schluss die übrigen Äpfel und die Sauce darauf verteilen.

Apfeltarte mit Quitte und Marzipan

Zutaten

200 g kalte Marzipanrohmasse
200 g Schmand
2 Äpfel
3 EL Zitronensaft
1 Rolle (270 g)
frischer Blätterteig (Kühlregal)
2 EL brauner Zucker
100 g Quittengelee
Mehl
Backpapier
200 g Schlagsahne
1 Pck. Sahnesteif

1 Den Backofen auf 225 °C (Umluft: 200 °C / Gas: Stufe 3) vorheizen. Marzipan grob reiben, Schmand zufügen und mit dem Rührgerät glatt rühren.

2 Äpfel waschen, das Kerngehäuse herausschälen. Die Äpfel in dünne Scheiben hobeln und sofort mit Zitronensaft beträufeln.

3 Blätterteig entrollen, den Teig auf der leicht bemehlten Arbeitsfläche etwas dünner (ca. 28 x 32 cm) ausrollen. Den Teig auf das mit Backpapier ausgelegte Blech legen und am Rand etwas hochziehen, mehrmals mit einer Gabel einstechen.

4 Die Marzipan-Schmandmasse auf den Teig streichen, die Apfelscheiben darauf verteilen und Zucker darüberstreuen. 15-20 Minuten backen. Das Quittengelee erwärmen und die Tarte noch heiß damit bestreichen, auskühlen lassen.

5 Sahne und Sahnesteif schlagen, die Kuchenstücke damit verzieren.

Beeren-Pavlova

Zutaten

Teig

1 Vanilleschote
5 Eiweiß
Salz
120 g Zucker
100 g Puderzucker
15 g Speisestärke
1 TL Essig

Belag

150 g Heidelbeeren
150 g rote Johannisbeeren
150 g Himbeeren
150 g Brombeeren
½ Bund frische Minze
Saft und Schale einer unbehandelten Zitrone
3 EL Puderzucker
1 l Sahne
2 Pck. Vanillezucker

1 Eine Springform (Ø ca. 26 cm) mit Backpapier auslegen und den Backofen auf 150 °C (Umluft: 130 °C / Gas: Stufe 2) vorheizen.

2 Die Vanilleschote aufschneiden und das Mark vorsichtig herauskratzen. Das Eiweiß mit 1 Prise Salz steif schlagen, dann nach und nach 100 g Zucker einrieseln lassen, unterrühren und ebenfalls schlagen. Wenn die Masse fest und glänzend geworden ist, mit einem Kochlöffel den restlichen Zucker, die Speisestärke, das Vanillemark und den Essig unterheben. Die Masse in der Springform verteilen und glatt streichen. Anschließend in den Ofen geben und ca. 80 Minuten backen, bis die Baisermasse fest geworden ist.

3 Die Beeren waschen, verlesen und vorsichtig trocken tupfen. Die frische Minze waschen, trocken schütteln und die Blättchen mit einem Wiegemesser fein hacken. Die klein gehackte Minze mit den Beeren, dem Saft und der Schale der unbehandelten Zitrone sowie der Hälfte des Puderzuckers vermengen und kurz ziehen lassen.

4 Die Sahne mit dem Vanillezucker und dem restlichen Puderzucker steif schlagen. Diese Masse anschließend auf dem Baiserboden gleichmäßig verteilen, vorsichtig glatt streichen und die Beeren darauf verteilen. Den Kuchen zügig servieren, da der Baiserboden schnell durchweicht.

Birnen-Cheesecake

Zutaten

Teig

200 g Mehl
1 Eigelb
120 g Butter
120 g Zucker
1 Pck. Vanillezucker
Fett und Semmelbrösel für die Form

Belag

1 große Dose Birnen
1 kg Magerquark
3 Eier
150 g Zucker
1 Pck. Vanillezucker
1 Pck. Vanillepuddingpulver
200 ml Schlagsahne
Kuvertüre

1 Mehl, Eigelb, Zucker, Vanillezucker und Butterflocken schnell mit den Händen verkneten, bis ein glatter Teig entsteht. Den in Frischhaltefolie gewickelten Teig mindestens 1 Stunde in den Kühlschrank legen.

2 Den Teig auf einer bemehlten Arbeitsfläche ausrollen, in die gefettete und mit Semmelbröseln ausgestreute Form geben und einen Rand hochdrücken.

3 Für die Quarkmasse Eier, Zucker und Vanillezucker schaumig schlagen, den Quark und das Puddingpulver unterrühren, die Sahne unterziehen.

4 Die Hälfte der Masse in die Form füllen, dann die gut abgetropften Birnenhälften darauf verteilen, dann die übrige Masse zugeben.

5 Im vorgeheizten Backofen bei 180 °C (Umluft: 160 °C / Gas: Sufe 2-3) ca. 50 Minuten backen, in der Form auskühlen lassen.

6 Etwas Kuvertüre im Wasserbad oder in der Mikrowelle auflösen, den Kuchen damit verzieren.

Birnen-Nuss-Tarte

Zutaten

1 Rolle (270 g) Blätterteig aus dem Kühlregal
60 g Haselnusskerne
60 g Mandelkerne (ohne Haut)
80 g Macadamia-Nusskerne
400 g Schmand
2 Eier
125 g Zucker
1 Pck. Vanillepuddingpulver
3 reife Birnen (ca. 500 g)
100 g Schokolade
Mehl für die Arbeitsfläche
Backpapier

1 Den Backofen auf 200 °C (Umluft: 175 °C / Gas: Sufe 3) vorheizen. Ein Backblech mit Backpapier auslegen. Macadamia-, Haselnüsse und Mandeln grob hacken und darauf verteilen. Im heißen Backofen ca. 8 Minuten rösten, herausnehmen und abkühlen lassen.

2 Das Backpapier vom Blätterteig entfernen. Den Teig zur Hälfte überklappen. Auf etwas Mehl zum Rechteck (ca. 24 x 32 cm) ausrollen. Den Teig in einer rechteckigen Tarteform mit Hebeboden (ca. 20 x 28 cm) auslegen und andrücken.

3 Schmand, Eier, Zucker und Puddingpulver verrühren. Die geschälten, geviertelten und entkernten Birnen in kleine Stücke schneiden, mit den Nüssen auf dem Teig verteilen und den Guss darübergießen. Im heißen Backofen auf der untersten Schiene bei gleicher Temperatur ca. 40 Minuten backen, dann auskühlen lassen.

4 100 g Schokolade auflösen und den Kuchen damit verzieren.

Brombeer-Cheesecake

Zutaten

300 g Brombeeren
1 kg Magerquark
125 g Butter
150 g Zucker
2 Pck. Vanillezucker
5 Eier
1 Pck. Vanillepuddingpulver
30 g Weichweizengrieß
Staubzucker
etwas Mehl für die Form

1 Die verlesenen Brombeeren waschen. (Gefrorene Brombeeren müssen nicht aufgetaut werden.)

2 Butter, Zucker, Vanillezucker mit dem Rührgerät schaumig rühren. Wenn der Zucker sich auflöst, nach und nach die Eier zufügen, dann den Grieß, das Puddingpulver und löffelweise den Quark.

3 Die Masse in eine gut ausgebutterte und mit Mehl bestäubte Springform geben (Ø ca. 28 cm). Die Brombeeren auf dem Teig verteilen und im vorgeheizten Backofen bei 180 °C (Umluft: 160 °C / Gas: Sufe 2-3) 80 Minuten backen. Nach ca. 50 Minuten den Kuchen mit Alufolie abdecken.

4 In der Form auskühlen lassen, vorsichtig aus der Springform lösen. Vor dem Servieren mit Staubzucker besieben.

Zutaten

Teig
100 g Butter
150 g Mehl
75 g Zucker
1 Eigelb
1 Pck. Trockenerbsen

Creme
4 Zitronen
300 ml Wasser
250 g Zucker
50 g Speisestärke
1 EL Butter
4 Eigelb

Belag
1 kg Erdbeeren
50 g Kuvertüre

Erdbeertarte mit Lemoncreme

1 Die Butter würfeln und mit dem Eigelb, dem Zucker und dem Mehl zu einem glatten Teig verarbeiten.

2 Den Teig zugedeckt ca. 25 Minuten an einem kühlen Ort ruhen lassen. Anschließend den Teig auf einer mit Mehl bestäubten Arbeitsfläche ausrollen. Eine Tarte- oder Springform (Ø ca. 20 cm) einfetten und mit dem Teig auslegen. Evtl. überstehende Teigränder abschneiden. Die Form nun mit Backpapier abdecken und mit Trockenerbsen auffüllen. Im vorgeheizten Ofen bei 200 °C (Umluft: 175 °C/Gas: Stufe 3) ca. 25 Minuten ausbacken. Die Erbsen und das Papier anschließend entfernen und den Boden auskühlen lassen.

3 Die halbierten Zitronen auspressen und vom Saft 150 ml abmessen. 200 ml Wasser mit dem Zucker aufkochen. Die Speisestärke mit 100 ml Wasser binden, in den Saft rühren, aufkochen lassen und 2-3 Minuten köcheln. Zum Schluss einen EL Butter in den Saft rühren und in den etwas abgekühlten Saft die 4 Eigelb unterrühren.

4 Die Creme nun in die Tarte füllen und abkühlen lassen. Die gewaschenen Erdbeeren nebeneinander in die Creme drücken. Die Tarte anschließend kalt stellen.

5 Die Kuvertüre im warmen Wasserbad schmelzen lassen, den Beutel aufschneiden und den Inhalt in schmalen Streifen über die Tarte verteilen.

Kirsch-Cheesecake

Zutaten

500 g Kirschen
1 kg Magerquark
125 g Butter
200 g Zucker
1 Pck. Vanillezucker
4 EL Limettensaft
4 Eier
4 EL Grieß
½ Pck. Backpulver
1 Pck. Vanillepuddingpulver
1 EL Puderzucker
Kuvertüre

1 Die Kirschen abspülen, die Kerne entnehmen und die Kirschen gut abtropfen lassen. Den Quark in einem Sieb abtropfen lassen.

2 Den Backofen auf 175 °C (Umluft 155 °C / Gas: Sufe 3) vorheizen.

3 Die weiche Butter mit 100 g Zucker schaumig rühren, den Vanillezucker und den Limettensaft zugeben und die Masse glatt verrühren. Die Eier trennen und das Eigelb nach und nach unterrühren. Grieß, Backpulver und Puddingpulver mischen und gut untermengen.

4 Das Eiweiß mit dem übrigen Zucker steif schlagen, dann die Kirschen, den Quark und den Eischnee behutsam unter die Buttermasse ziehen.

5 In eine gefettete Springform füllen, glatt streichen und ca. 70 Minuten backen, falls erforderlich, gegen Ende der Backzeit mit Alufolie abdecken.

6 Den Kuchen nach dem Backen noch 30 Minuten im Ofen belassen, dann aus der Form lösen.

7 Kuvertüre im Wasserbad oder in der Mikrowelle auflösen und den Kuchen damit verzieren.

ZUTATEN

100 g Butter
225 g Mehl
1 Ei
75 g Puderzucker
2 EL gemahlene Haselnüsse
500 g frische Kirschen oder Kirschen aus dem Glas

150 g Zucker
500 ml Kirschnektar
2-3 EL Zitronensaft
1½ Pck. Vanillepuddingpulver
1 Eiweiß

Mehl für die Arbeitsfläche
Fett und Mehl für die Form
Frischhaltefolie
1 Pck. Trockenerbsen
Backpapier

Kirschtarte mit Baiser

1 Die klein geschnittene, weiche Butter, das Mehl, das Ei und den Puderzucker kurz mit dem Rührgerät verarbeiten und anschließend mit den Händen zu einem glatten Teig kneten. Zugedeckt oder in Folie verpackt an einem kühlen Ort ca. 20-25 Minuten ruhen lassen.

2 Den Teig auf einer mit Mehl bestäubten Arbeitsfläche ausrollen und in einer gefetteten Tarte- oder Springform (Ø ca. 26 cm) auslegen. Nun die Form mit Backpapier auslegen und mit Trockenerbsen bedecken. Im vorgeheizten Backofen bei 200 °C (Umluft: 175 °C / Gas: Stufe 3) ca. 15-20 Minuten backen. Das Backpapier mit den Erbsen wieder entfernen und den Teig weitere 10 Minuten backen. Die Form aus dem Backofen nehmen und abkühlen lassen.

3 Für den Belag die Haselnüsse ohne Fett rösten und abkühlen lassen. Die Kirschen waschen, putzen und entsteinen. Kirschen aus dem Glas vor der Verwendung gut abtropfen lassen.

4 100 g Zucker in einem Topf karamellisieren lassen und mit 450 ml des Kirchnektars ablöschen. Kirschen und Zitronensaft zufügen, aufkochen und ca. 5 Minuten köcheln lassen.

5 Das Vanillepuddingpulver mit dem restlichen Kirschnektar verrühren und die Kirschmasse damit binden.

6 Den ausgekühlten Boden mit Nüssen bestreuen und die Kirschmasse gleichmäßig darauf verteilen. Den Kuchen anschließend für 1-2 Stunden im Kühlschrank fest werden lassen.

7 Das Eiweiß mit dem Rührgerät steif schlagen und während des Schlagens den restlichen Zucker langsam einrieseln lassen. Damit der Eischnee gelingt, muss das Eiweiß vollkommen frei vom Eigelb sein. Den entstandenen Eischnee in einen Spritzbeutel mit kleiner Sterntülle füllen und den Kuchen damit verzieren. Unter dem vorgeheizten Grill des Backofens den Kuchen noch einmal 3-4 Minuten hellbraun überbacken, auskühlen lassen.

Törtchen, süße Teilchen und Muffins

Apfel-Rosinen-Küchlein

Zutaten
für 6 Weckgläser
(ca. 290 ml Inhalt)

Öl
200 g weiche Butter
150 g Zucker
1 TL Zimt
4 Eier
150 g Mehl
1 gestrichener TL Backpulver
75 g Speisestärke
1 Apfel
2 EL Rosinen

1 Die Gläser mit Öl einstreichen. Den Backofen auf 175 °C (Umluft: 150 °C / Gas: Stufe 3) vorheizen. Butter, Zucker und Zimt mit dem Rührgerät cremig rühren. Dann die Eier einzeln einrühren. Mehl, Backpulver und Stärke unterrühren. Den geschälten, entkernten Apfel raspeln und mit den Rosinen unter den Teig heben. 1/3 hoch in die Gläser füllen und ca. 35 Minuten backen.

2 Deckel und Einmachringe 2 Minuten in kochendem Wasser köcheln, abtropfen lassen. Küchlein aus dem Ofen nehmen. Die Gläser sofort mit Einmachringen, Deckeln und Klammern verschließen, auskühlen lassen.

Beerentörtchen mit Schokoladencreme

Zutaten

Teig
300 g Mehl
50 g Kakao
1 TL Natron
250 g Margarine
250 g Zucker
4 Eier
1 Becher saure Sahne

Schokoladencreme
125 g Kokosfett
1 Ei
60 g Puderzucker
2-3 EL Kakao

Beerenbelag
300 g Waldbeeren
1 Pck. roter Tortenguss

1 Das Mehl mit Kakao und Natron mischen und sieben. Die restlichen Zutaten für den Teig zu der Mehlmischung geben und mit dem Handrührgerät kurz auf niedrigster, dann auf höchster Stufe zu einem glatten Teig verarbeiten.

2 Den Teig auf einem gefetteten und mit Backpapier belegten Backblech glatt streichen. Im vorgeheizten Backofen bei 180 °C (Umluft: 160 °C / Gas: Sufe 2-3) ca. 15 Minuten backen. Anschließend den Teig abkühlen lassen.

3 Für die Schokoladencreme das Kokosfett in einem kleinen Topf schmelzen. In der Zwischenzeit Puderzucker und Kakao sieben und mit dem Ei in einer Schüssel verrühren. Das geschmolzene Kokosfett unter die Kakaomischung geben. Kurz kühl stellen, bis die Schokoladencreme eine etwas festere Konsistenz hat.

4 In der Zwischenzeit beliebig große Kreise aus dem Teigboden ausstechen (für ein Törtchen werden jeweils zwei Stück benötigt). Den unteren Teigboden mit der Schokocreme bestreichen, einen weiteren Boden aufsetzen und mit den Beeren belegen.
Tipp: Damit die flüssige Schokoladencreme nicht an den Seiten der Törtchen herausläuft, Dessertringe verwenden oder die Törtchen mit Alufolie umwickeln.

5 Tortenguss nach Packungsanleitung zubereiten und gleichmäßig über den Beeren verteilen.

6 Die Törtchen ca. 2-3 Stunden kühl stellen, bis die Schokoladencreme fest ist.

Birnen-Minigugel

Zutaten

200 g Mehl
30 g Speisestärke
1 gehäufter TL Backpulver
90 g weiche Butter
250 g Zucker
1 Pck. Vanillezucker
1 Prise Salz
2 Eier
1 Birne (nicht zu weich)
abgeriebene Schale einer halben Bio-Zitrone
Paniermehl
Blech für Muffins oder Gugelhupfblech mit insgesamt 12 Mulden

1 Den Backofen auf 175 °C (Umluft: 150 °C / Gas: Sufe 2-3) vorheizen, Mulden des Muffin- oder Gugelhupfblechs einfetten und mit Paniermehl ausstreuen.

2 Das Mehl, die Stärke und das Backpulver mit 1 Prise Salz mischen. Anschließend die Butter, 150 g Zucker und den Vanillezucker mit dem Rührgerät cremig rühren. Die Eier einzeln dazugeben und im Teig verrühren. Die abgeriebene Zitronenschale und die Mehlmischung unterrühren. Zum Schluss die Birne schälen, vierteln, entkernen, raspeln und unter den Teig heben.

3 Je 1-2 gehäufte EL Teigmasse in die Gugelhupfmulden geben und im heißen Backofen ca. 25 Minuten backen.

4 Die Kuchen aus dem Ofen nehmen, etwas abkühlen lassen und aus dem Blech lösen. Den restlichen Zucker in einen tiefen Teller geben, die noch warmen Kuchen darin wälzen und abkühlen lassen.

Birnen-Walnuss-Küchlein

Zutaten
für 6 Weckgläser
(ca. 290 ml Inhalt)

Öl
200 g weiche Butter
150 g Zucker
1 EL Zitronensaft
4 Eier
150 g Mehl
1 gestrichener TL Backpulver
75 g Speisestärke
1-2 Birnen
30 g Walnusskerne

1 Die Gläser mit Öl einstreichen. Den Backofen auf 175 °C (Umluft: 150 °C / Gas: Sufe 2-3) vorheizen. Butter, Zucker und Zitronensaft mit dem Rührgerät cremig rühren. Dann die Eier einzeln einrühren. Mehl, Backpulver und Stärke unterrühren. Die geschälten Birnen in kleine Stücke schneiden und mit den grob gehackten Walnüssen unter den Teig heben. 1/3 hoch in die Gläser füllen und ca. 35 Minuten backen.

2 Deckel und Einmachringe 2 Minuten in kochendem Wasser köcheln, abtropfen lassen. Küchlein aus dem Ofen nehmen. Die Gläser sofort mit Einmachringen, Deckeln und Klammern verschließen, auskühlen lassen.

Erdbeer-Minz-Tiramisu

Zutaten
für 6 Gläser

12 Löffelbiskuits
500 g Mascarpone
500 g Erdbeeren
(frisch oder tiefgefroren)
2 Eier
1 Pck. Bourbon-Vanillezucker
2 EL Zucker
2 starke Espresso
ca. 10 frische Minzblätter
2 Limetten
1 EL Kakao

1 Die Löffelbiskuits in kleine Stücke zerbröseln und als unterste Schicht ins Glas geben, danach mit dem Espresso beträufeln.

2 Die Erdbeeren im Mixer mit den Minzeblättern und dem Saft von einer Limette zerkleinern, je nach Geschmack evtl. mit etwas Zucker nachsüßen.

3 Für die Creme die Eier trennen und das Eiweiß steif schlagen. Das Eigelb, die Mascarpone, den Vanillezucker, den Saft der zweiten Limette mit dem Zucker vermengen und den Eischnee unterheben.

4 Über den Biskuit als Erstes eine Schicht der Mascarponecreme geben, danach das Erdbeerpüree daraufschichten.

5 Abschließend die restliche Creme auf die Gläser verteilen und mit etwas Kakao bestäuben.

6 Für ca. 3 Stunden im Kühlschrank kalt stellen, damit der Biskuit gut durchzieht und die Creme fest wird.

7 Vor dem Servieren mit frischen Erdbeeren und Minzblättern garnieren.

Wer den Alkohol im Tiramisu vermisst, kann einen der Espresso auch gegen 6 cl Cachaça austauschen.

Heidelbeerküchlein

ZUTATEN
für 6 Weckgläser
(ca. 290 ml Inhalt)

Öl
200 g weiche Butter
150 g Zucker
1 EL Zitronensaft
4 Eier
150 g Mehl
1 gestrichener TL Backpulver
75 g Speisestärke
150 g Heidelbeeren (tiefgekühlt)

1 Die Gläser mit Öl einstreichen. Den Backofen auf 175 °C (Umluft: 150 °C / Gas: Sufe 2-3) vorheizen. Butter, Zucker und Zitronensaft mit dem Rührgerät cremig rühren. Dann die Eier einzeln einrühren. Mehl, Backpulver und Stärke unterrühren. Die gefrorenen Heidelbeeren unterheben, alles 1/3 hoch in die Gläser füllen und ca. 35 Minuten backen.

2 Deckel und Einmachringe 2 Minuten in kochendem Wasser köcheln, abtropfen lassen. Küchlein aus dem Ofen nehmen. Die Gläser sofort mit Einmachringen, Deckeln und Klammern verschließen, auskühlen lassen.

Coffee

Himbeer-Buttercreme-Cupcakes

Zutaten

250 g Mehl
3 TL Backpulver
3 Eier
125 g brauner Zucker
1 Pck. Vanillezucker
Salz
¼ l Milch
75 ml Sonnenblumenöl
1 EL Zitronensaft
abgeriebene Schale einer unbehandelten Zitrone
200 g zimmerwarmes Himbeergelee
500 g zimmerwarme Butter
200 g Puderzucker
weiße Zuckerperlen
12 Papierbackförmchen (Ø ca. 5 cm)
Muffinbackblech mit 12 Mulden oder 2 x 6 Mulden

1 Die Papierbackförmchen in die Mulden setzen und den Backofen auf 175 °C (Umluft: 150 °C/Gas: Stufe 2-3) vorheizen.

2 Das Mehl mit dem Backpulver vermischen. Die Eier in einer Rührschüssel langsam verquirlen. Anschließend den Zucker, Vanillezucker, 1 Prise Salz, die Milch, das Öl, den Zitronensaft und die abgeriebene Zitronenschale zufügen und gut verrühren, das Mehl unterarbeiten.

3 Den Teig gleichmäßig auf die Mulden des Muffinbackblechs verteilen, glatt streichen und im vorgeheizten Backofen ca. 20-25 Minuten backen. Nach Ende der Backzeit das Blech aus dem Ofen nehmen und auf einer hitzebeständigen Unterlage auskühlen lassen.

4 Das Gelee sorgfältig durch ein feines Sieb geben. Mit dem Rührgerät die Butter mit dem Puderzucker ca. 15 Minuten aufschlagen. Die Creme sollte eine dickflüssige Konsistenz haben. Anschließend das Gelee in mehreren kleinen Portionen hinzugeben und verrühren.

5 Die Masse in einen Spritzbeutel füllen und mit einer Sterntülle kleine Zacken auf die Muffins spritzen. Nach Belieben mit den Zuckerperlen verzieren und im Kühlschrank für ca. 1-1½ Stunden ruhen lassen.

Zutaten
für 4 Tartelettes

Teig
160 g Mehl
1 Msp. Backpulver
80 g Butter
20 g Zucker
1 Pck. Vanillezucker
1 Prise Salz
1 Ei
1 Pck. Trockenerbsen

Belag
3 TL Himbeermarmelade
3 Blatt weiße Gelatine
100 ml Himbeersirup
200 g Vanillequark
100 g Sahne
250 g Beeren

Himbeer-Quark-Tartelettes

1 Mehl mit Backpulver mischen und sieben. Zimmerwarme Butter, Zucker, Vanillezucker und Salz mit den Knethaken des Handrührgeräts verkneten, bis eine cremige Masse entsteht. Ein Ei trennen. Das Eiweiß beiseitestellen und das Eigelb kurz unterheben. Die Mehlmischung hinzugeben und rasch zu einem glatten Teig verarbeiten.

2 Teig ca. 1 Stunde in Folie gewickelt im Kühlschrank ruhen lassen.

3 Teig in vier gleich große Teile dünn ausrollen und die Tartelettförmchen damit auslegen, überstehende Ränder abschneiden. Boden mehrfach mit einer Gabel einstechen und noch mal 5 Minuten kühl stellen. Im vorgeheizten Backofen bei 200 °C (Umluft: 180 °C/Gas: Stufe 3) 15 Minuten blindbacken. Anschließend das Papier und Backerbsen entfernen. Die Böden mit Eiweiß bestreichen und weitere 5 Minuten backen.

4 Marmelade kurz erwärmen und die noch heißen Tartelettes damit bestreichen. Anschließend auskühlen lassen.

5 Für den Belag die Gelatine 5 Minuten in kaltem Wasser einweichen. In der Zwischenzeit den Sirup erwärmen. Gelatine ausdrücken und im warmen Sirup unter Rühren auflösen. Den Quark unterheben, Sahne steif schlagen und mit der Quarkcreme vermengen. Creme auf den Tartelletes verteilen und kalt stellen, bis die Creme erstarrt ist.

6 Nach dem Erkalten der Quarkcreme die Tartelettes mit den gewaschenen Beeren belegen. Den Tortenguss nach Packungsanleitung zubereiten und über den Beeren verteilen.

Kirsch-Schokoladen-Küchlein

Zutaten
für 6 Weckgläser
(ca. 290 ml Inhalt)

100 g Kirschen (tiefgekühlt)
Öl
200 g weiche Butter
150 g Zucker
1 EL Zitronensaft
4 Eier
150 g Mehl
1 gestrichener TL Backpulver
75 g Speisestärke
50 g Zartbitterschokolade

1 Die Kirschen auftauen lassen. Die Gläser mit Öl einstreichen. Den Backofen auf 175 °C (Umluft: 150 °C / Gas: Sufe 2-3) vorheizen. Butter, Zucker und Zitronensaft mit dem Rührgerät cremig rühren. Die Eier einzeln einrühren, Mehl, Backpulver und Stärke unterrühren. Die gehackte Schokolade mit den Kirschen unter den Teig heben.

2 Alles 1/3 hoch in die Gläser füllen und ca. 35 Minuten backen. Deckel und Einmachringe 2 Minuten in kochendem Wasser köcheln, abtropfen lassen. Die Küchlein aus dem Ofen herausnehmen. Die Gläser sofort mit Einmachringen, Deckeln und Klammern verschließen, auskühlen lassen.

Obsttörtchen

Zutaten
für 4 Torteletts

Torteletts
(im Handel kaufen)
200 g Kuvertüre
200 ml Schlagsahne
1 Pck. Sahnesteif
etwas Puderzucker
verschiedenes Obst
Tortenguss (klar)

1 Die Kuvertüre im Wasserbad oder in der Mikrowelle auflösen, die flüssige Schokolade auf die Torteletts geben.

2 Die Sahne, Sahnesteif und Puderzucker aufschlagen, jeweils in die Mitte füllen, Erdbeeren, Pfirsiche oder anderes Obst, auch gemischt, zufügen.

3 Den Tortenguss nach Packungsanleitung zubereiten und über das Obst gießen.

Sauerkirsch-Baiser-Teilchen

Zutaten

Teig

100 g Butter
200 g Zucker
125 g Mehl
4 Eier
100 g Mandelblättchen
1 Pck. Vanillezucker
½ Pck. Backpulver
Backpapier

Füllung

1 Glas Sauerkirschen
250 ml Schlagsahne
1 Pck. Sahnesteif

1 Den Backofen auf 170°C (Umluft: 150°C/Gas: Stufe 2) vorheizen.

2 Aus den Zutaten für den Boden einen glatten Teig verarbeiten und auf zwei mit Backpapier ausgelegte Springformen (Ø ca. 26 cm) gleichmäßig verteilen.

3 Die Eier in Eigelb und Eiweiß trennen. Anschließend die vier Eiweiß steif schlagen, dabei den Zucker einrieseln lassen. Die Masse gleichmäßig auf die vorbereiteten Springformen verteilen, einen der beiden Böden mit den Mandelblättchen belegen und ca. 20 Minuten backen. Die Baiserböden auskühlen lassen und das Backpapier von den erkalteten Böden abziehen.

4 Für die Füllung 1 Glas Sauerkirschen abtropfen lassen und die Sahne mit dem Sahnesteif steif schlagen. Das Obst mit der Sahnemasse mischen und auf dem Boden ohne Mandelblättchen verteilen. Anschließend mit einem Messer den zweiten Boden mit den Mandelblättchen in quadratische Stücke einritzen und auf die Füllung legen. Dies erleichtert das Schneiden.

Sauerkirschen im Blätterteig

Zutaten

1 Pck. Blätterteig
1 Pck. Vanillepuddingpulver
1 Glas Sauerkirschen
2 EL Mandelblättchen
1 EL Staubzucker

1 Den Blätterteig in Quadrate schneiden. Die Kirschen vom Saft trennen. Mit dem Saft und dem Puddingpulver einen Fruchtpudding kochen. Die Kirschen mit dem Fruchtpudding vermischen und in der Mitte der Quadrate verteilen. Mandelsplitter darüberstreuen. Die Ecken der Blätterteigquadrate zur Mitte hin hochklappen.

2 Den Backofen auf 200 °C (Umluft: 180 °C/Gas: Stufe 3) vorheizen und den Blätterteig ca. 15 Minuten backen, bis er schön goldgelb aussieht. Nach dem Backen mit Staubzucker bestreuen.

Stachelbeer-Fudge-Cupcakes

Zutaten

3 Eier
225 g Feinzucker
1 TL Vanillezucker
50 g Butter
100 ml saure Sahne
210 g Mehl
2 TL Backpulver
4 EL Kakaopulver
100 g Zartbitterschokolade
250 g Stachelbeeren

Fudge-Glasur:

150 ml Sahne
2 EL Honig
4 EL brauner Zucker
1 TL gemahlener Ingwer
15 g Butter
200 g hochwertige Zartbitterschokolade
Zuckerperlen zum Dekorieren

1 Den Backofen auf 175 °C (Umluft: 150°C/Gas: Stufe 2-3) vorheizen. Eine 12er-Muffinform mit Papierförmchen auslegen. Eier, Butter, Zucker und Vanillezucker zu einer hellen, schaumigen Mischung verschlagen.

2 Der geschmolzenen Butter die saure Sahne zufügen und verrühren. Mehl, Backpulver und Kakao mischen und vorsichtig unter die Masse rühren.

3 Die grob geraspelte Schokolade in einer Schüssel über einem Topf mit siedendem Wasser schmelzen und unter den Teig rühren. Nun die Stachelbeeren zufügen und die Masse in die Papierförmchen geben.

4 Auf der mittleren Schiene ca. 15 Minuten backen, aus dem Ofen nehmen, 5 Minuten in der Form abkühlen und auf einem Kuchenrost erkalten lassen.

5 Für die Glasur: Die Schlagsahne, den Honig, den braunen Zucker und den Ingwer in einer Kasserolle aufkochen und ein wenig abkühlen lassen.

6 Die Butter und die fein gehackte Schokolade zufügen und rühren, bis diese geschmolzen sind, leicht abkühlen lassen und mit der Masse die Cupcakes glasieren, mit den Zuckerperlen dekorieren.

mac
chi
ato
latte
Latte
LATTE
MACCHIATO

Register

Apfel-Brombeer-Crumble 78/79
Apfel-Cheesecake 80/81
Apfel-Rosinen-Küchlein 100/101
Apfel-Szarlotka 14/15
Apfelmuskuchen mit Keksstreuseln 16/17
Apfelstrudel 18/19
Apfeltarte mit Quitte und Marzipan 82/83
Aprikosen-Mohn-Torte 52/53

Beeren-Pavlova 84/85
Beerentörtchen mit
Schokoladencreme 102/103
Birnen-Cheesecake 86/87
Birnen-Minigugel 104/105
Birnen-Nuss-Tarte 88/89
Birnen-Walnuss-Küchlein 106/107
Brombeer-Cheesecake 90/91

Donauwelle 20/21

Erdbeer-Joghurt-Torte 54/55
Erdbeer-Minz-Tiramisu 108/109
Erdbeertarte mit Lemoncreme 92/93

Grießkuchen mit Erdbeersoße 22/23

Heidelbeer-Marmorkuchen 24/25
Heidelbeer-Orangen-Kuchen 26/27
Heidelbeerküchlein 110/111
Himbeer-Buttercreme-Cupcakes 112/113
Himbeer-Quark-Tartelettes 114/115
Himbeer-Mandel-Blechkuchen 28/29
Himbeer-Schoko-Torte 56/57

Johannisbeerbiskuit 30/31
Johannisbeerkuchen 32/33
Johannisbeer-Quark-Torte 60/61

Kirsch-Blechkuchen 34/35
Kirsch-Cheesecake 94/95
Kirsch-Schokoladen-Küchlein 116/117
Kirschtarte mit Baiser 96/97

Linzer Torte mit Himbeeren 58/59

Nektarinen-Frangipane 38/39

Obsttörtchen 118/119

Pfirsich-Mandel-Torte 62/63
Pflaumen-Streuselkuchen 40/41
Pflaumenmus-B utterkuchen 42/43
Preiselbeer-Buttermilch-Torte 64/65

Quitten-Mandel-Torte 74/75
Quittentorte 72/73

Rhabarber-Sahne-Torte 66/67

Sauerkirsch-Baiser-Teilchen 120/121
Sauerkirschen im Blätterteig 122/123
Schwarzwälder Kirschtorte 68/69
Stachelbeer -Fudge - Cupcakes 124/125
Stachelbeerkuchen mit Schmand 44/45
Stachelbeerkuchen mit Schmandguss 46/47
Stachelbeertorte 70/71

Versunkener Kirschkuchen 36/37

Weinbeerstrudel 48/49